Fact vs. Fiction: Teaching Critical Thinking Skills in the Age of Fake News

假新聞教戰手冊

中小學教師怎麼教媒體素養與批判思考

Jennifer LaGarde, Darren Hudgins　合著

羅世宏、羅敬文　合譯

五南圖書出版公司 印行

Fact vs. Fiction: Teaching Critical Thinking Skills in the Age of Fake News

Jennifer LaGarde, Darren Hudgins

何榮幸

非營利媒體《報導者》創辦人暨執行長

　　身爲憂心國一女兒被不實資訊誤導的家長，這本在教育現場引導學生辨別假新聞的好書，提供了許多實用的習作與教戰守則。在羅世宏教授的流暢譯筆下，若把書中的推特換成 LINE，我跟女兒就可在臺灣情境下熱烈討論，書中的諸多案例一點也不遙遠。

　　我相信，臺灣教育工作者若能實踐本書提出的五大核心原則，將可培養下一代最重要的批判性思考。讓下一代在強化媒體識讀的環境中成長，才不會被各種不實資訊及假新聞持續分化、撕裂。

　　而身爲資深新聞工作者暨非營利媒體創辦人，我對書中剖析的「假新聞疲勞」現象更是感同身受。期盼透過新聞界的自省與努力，能夠讓眞實新聞、優質媒體重新建立公信力，成爲下一代在手機上主動搜尋的重要資訊來源。

胡元輝

台灣事實查核中心董事長、優質新聞發展協會理事

真相很重要！

「我們想寫這本書，因為真相很重要。」這是本書兩位作者拉加德（Jennifer LaGarde）與哈金斯（Darren Hudgins）在序言中所說的話。言簡意賅，直接道出本書的撰寫宗旨。

真相重要嗎？對於上個世代的多數人而言，這個問題幾乎不存在。彼時，如果有人宣稱真相不重要，勢必要認真說出一番道理，而且未必能夠被人接受。但在當前這個被稱為「後真相」（post-truth）的時代，必須好好拿出一套論述者，恐怕是相信真相重要的一方，時代氛圍的轉變不可以道里計。

但，真相不重要嗎？試想一下，如果社會上的人多是爾虞我詐，競以欺騙為能事，那麼公義社會如何成為可能？如果政治人物都滿口胡言、喜以說謊來取寵，那麼責任政治將如何得以建立？而如果媒體都無法報導真相、傳遞真實，那麼公眾將如何在選舉時投下手上的選票？又如何在爭議中決定公共事務的走向？

麻煩的是，即使多數人都相信真相的重要性，我們卻已邁入一個真相難尋的時代。處身於這個被形容為「大眾自我溝通」（mass self-communication）的世界，意圖掩蓋真相者已擁有更有效、更便利的工具來扭曲事實，混淆真相。許多人表面上擁有自主傳播權，實質上卻是被各類型的假訊息牽著鼻子走，猶不自知。

數位時代假訊息的負面作用已益趨明朗，個人、社會與國家都可能為之付出高昂代價。以全球都遭到嚴重衝擊的新冠病毒疫情來說，就有不少

人因爲誤信飲用酒精可以防疫的假訊息，喪失了寶貴生命；還有人因爲瀏覽到病毒威力的假訊息，竟然殺害全家人後再自我了結。此外，許多國家尙在勞心處理新冠病毒疫情之際，遭到他國有計畫的假訊息攻擊。

　　如何解決假訊息所帶來的衝擊與破壞呢？媒體與資訊素養教育（Media and Information Literacy）已經被許多專家與研究證實，乃是長遠的根本之道。如果每個人都能擁有破解假訊息的素養，就等於自身擁有抗拒假訊息病毒的免疫力，將使有心人想要藉由假訊息謀取不當利益的意圖難以奏效，亦將穩固良善社會與健全民主的運作根基。

　　正是基於這項體認，本書作者一針見血的指出，「我們相信，在一個以創造病毒式傳播內容爲首要目標，而將正確事實擺在次要地位（如果有的話）的世界裡，幫助學生培養從虛構中辨別事實所需的技能，誠爲公民的基本技能。」旨哉斯言，包含辨識假訊息在內的媒體與資訊素養教育已經是當前教育的重中之重。

　　就在全球民主國家都積極推動媒體與資訊素養教育的同時，我國十二年國民基本教育課程綱要亦將「科技資訊與媒體素養」列爲 9 大核心素養之一，並於 108 學年度正式實施，希望從小就培養國民的媒體素養，建構成熟的資訊生態與公民社會。但也正因爲假訊息防制是新時代的新課題，因此許多第一線的教育工作者及關心假訊息防制素養的人都感覺到中文教材的匱乏。

　　我的可敬同事、中正大學傳播學系羅世宏教授，基於知識分子的責任感，在忙碌的教學、研究活動之外，向來關注傳播生態的實務課題，並以具體行動投入媒體改造。爲了彌補學校教師在媒體素養教學資料的不足，特別是當代假訊息教材與教學法的缺憾，特別與羅敬文小姐合譯了《假新聞教戰守冊：中小學教師怎麼教媒體素養與批判思考？》乙書，實乃我國教育工作者的一大福音。

本書深入淺出的分析事實與後真相的意涵、假新聞的歷史發展與心理淵源、媒體素養教育的意義、大眾新聞消費行為的轉變、社群媒體的影響、網路酸民的問題、假訊息的測驗方法、判斷假訊息的相關資源與工具、學生使用手機和平板近用資訊的技能，以及假訊息課題教學經驗分享等等，均為破解假訊息數位素養的重要面向，相信有意從事媒體與資訊素養教育者，必定可以從中得到豐富的知識材料與教學啟示。

面對海量假訊息的轟炸，我們或許會出現「假新聞疲勞」（fake news fatigue），迷惑於一切皆假，無物為真的社會氛圍；或是屈服於「說謊者悖論」（Liar's Paradox），只要萬事都錯，亦即萬事都沒錯的困境。但誠如本書作者所言：教育工作者的工作是「為了讓下一代比我們過得更好」，「教育工作者擁有改變世界的力量」。如果我們在學校教育中就能強固學生的數位素養，我們就能建立全民打假陣線，讓假訊息難以成為社會亂源。

美國知名民謠歌手狄倫（Bob Dylan）曾在他的著名歌曲中如此吟唱：「時代正在改變啊！」（The times, they are a-changin'）。從古至今未曾斷絕的假訊息正在翻天覆地的改變我們的生活，甚至成為當代民主制度的重大挑戰。但教育工作者讓下一代享有美好生活的責任迄今未曾改變，如何透過媒體與資訊素養教育超克假訊息所帶來的民主挑戰，顯然是當代教育工作者無可推卸的重要任務。本書為此留下最佳註解！

張　正

中央廣播電臺總臺長

　　20 多年前，我開始從事新聞工作之後，第一次聽聞翻譯成「媒體素養」或「媒體識讀」的 media literary。就我的理解，所謂「media literacy」，是希望一般閱聽人對於越來越龐大的資訊有辨識能力。

　　20 年後的今天，資訊量更大，辨識真假新聞的難度更高，幸虧也有更多看不下去的學者、媒體人挺身而出。但願這本《假新聞教戰手冊：中小學教師怎麼教媒體素養與批判思考》，能讓我們在資訊亂流裡站穩腳步、不失方寸。

黃哲斌

新聞工作者，著有《新聞不死，只是很喘》

近兩年，「假新聞」一詞進入臺灣民間視野，成為政治、社會、科技與傳播交匯的熱門話題，加以108課綱上路，中小學教師積極與學生討論「如何辨別假資訊」，坊間也出現一些主題書籍。

值此之際，《假新聞教戰手冊：中小學教師怎麼教媒體素養與批判思考》提供一個親切深入、覆蓋完整的學習路徑，不但適合中小學教師作為參考教材，由於文字淺顯，題材活潑，中學生也能輕鬆閱讀。

《假新聞教戰手冊：中小學教師怎麼教媒體素養與批判思考》強項在於：一、由熟稔網路文化的教育工作者撰寫，緊扣教學需求，既有田野觀察，也有風趣故事；二、作者都有非營利組織的倡議經驗，兼具熱情與溝通技巧；三、書中以現實案例為主，理論為輔，脈絡清晰，架構豐富；四、每章都有「習作」供互動討論，也有大量延伸資源，有心人若想順藤摸瓜，線索不虞匱乏。

我曾比喻，108課綱的「媒體識讀」是「資訊素養」的核心，「資訊素養」則是「媒體識讀」的延伸，彼此關係就像「大腸包小腸」，兩者看似分明，滋味實為一體。本書以「真假之辨」為基底，從專業媒體、公民媒體到社群媒體，從批判、參與到實踐，層層釐清當前科技素養的關鍵能力，由此出發，讓我們期許一個平等開放、清醒負責的數位公民未來。

關於ISTE

國際教育科技協會（The International Society for Technology in Education，簡稱 ISTE）是一個非營利組織，與全球教育界合作推進用科技解決棘手問題並激發創新進程，其遍布全球的網絡有個共同信念，那就是科技具有改變教與學的潛力。

國際教育科技協會透過 ISTE 標準（ISTE Standards），為教育改革設定願景，也為學生、教育工作者、行政管理人員、教練和電腦科學教育者提供一個架構，期能重新思考教育並創新學習環境。國際教育科技協會每年舉辦 ISTE 年會和博覽會，公認是世界上最有影響力的教育科技盛會之一。該組織提供的專業學習資源，包括線上課程、專業網絡、全年都有的學院、同儕審查的期刊，以及其他出版物。國際教育科技協會也是教育科技類書籍出版領域的領導品牌。若你需要更多資訊，或有意成為國際教育科技協會會員，請訪問國際教育科技協會的官方網站（https://www.iste.org/）。歡迎訂閱國際教育科技協會的 YouTube 頻道，也歡迎用推特（Twitter）、臉書（Facebook）和領英（LinkedIn）與我們聯繫。

ISTE出版的相關書籍

《K-12 課堂中的媒體素養》[1]（*Media Literacy in the K-12 Classroom*），第二版，作者：Frank W. Baker。想查看國際教育科技協會出版的全部書籍，請訪問：https://id.iste.org/connected/resources。

----

[1] 譯註：K-12 在美國、加拿大和澳洲等國意指幼兒園到十二年級，也就是相當於臺灣的幼兒園到高中階段的教育。

作者簡介

詹妮佛・拉加德（Jennifer LaGarde）在整個成人生涯中都致力於公共教育。她曾擔任班導師、教師圖書館員、數位教學專家、地區級教育行政人員，並在全州範圍內擔任北卡羅萊納州公共教學部及弗里代伊教學創新研究中心（the Friday Institute for Instructional Innovation）的顧問。詹妮佛目前與教師、圖書館員、教學科技專家、教學教練，以及世界各地的機構或地區級領袖合作，致力於開發創新教學的實踐方式。她的成就，廣受《圖書館學報》、美國學校圖書館員協會、《紐約時報》和卡內基基金會的認可。她同時也是獲獎部落格（或譯：網誌）「圖書館女孩歷險記」（The Adventures of Library Girl）的作者 [1]。

達倫・哈金斯（Darren Hudgins）是一家名為 Think | Do | Thrive 的教育管理公司的執行長，這家公司主要業務是協助教育工作者、校長、地區級和校級機構建立特色文化、強化人力資源，並且激發社會服務工作者的使命感。他有第一手的經驗，相當了解營造學習環境與因應快速社會變遷的難度。達倫畢生在第一線教育現場致力於培養獨特的學習經驗；他曾擔任中學教師、地區級教練、員工開發專家、講者、促進者、科技整合方案開發人員，以及青年教練。除了在學校工作外，達倫還擔任過非營利組織教育科技與課程組織（Organization for Education Technology and Curriculum，簡稱 OETC）

---

1 譯註：網址是 https://www.librarygirl.net/。

的教學科技總監；在那裡，他建立了一個廣泛的促進者社群，引導更加精緻的專業開發經驗〔例如：整合教育波特蘭（IntegratED Portland）｜加速教育波特蘭（AcceleratED Portland）、SPARK 和若干優質學校……等〕。他爲許多學校、機構和家長諮詢團體組織了主題演講，並在全美各地舉辦了有關教學策略、領導力、能力提升、變革管理、職業與技術教育（CTE）、STEAM 教育（譯按：結合科學、技術、工程、藝術與數學的跨學科教學方法）、同類／幹部模型，以及計畫導向學習的工作坊。達倫也曾爲未來就緒學校（Future Ready Schools）、弗里代伊教學創新研究中心、Nearpod 和各個學區提供諮詢。達倫是獲得谷歌認證的創新者（#GMTV$_{12}$），擁有太平洋大學教育碩士學位，並擁有人類發展和社會科學雙學士學位。

推特帳號：@dhudgins｜電郵地址：dhudginspd@gmail.com

謝辭

我們非常感謝讓這本書成眞的每一個人，雖然這可能需要再寫另一本書的篇幅才有辦法表達謝意。以下是我們特別感謝的人（不完整名單）。

詹妮佛想要向以下諸位表達謝忱：

- 達倫，我的「共犯」，因爲你總是對我提出的瘋狂構想照單全收，因爲你相信這本書值得我們投入。我的生命因爲你而變得更加美好。夢幻二人組，啓動！我們做到了，我的朋友。我現在要享受這場盛宴了。

- 謝謝約翰（John）和珍妮（Jeannie），因爲你們總是在我需要的時候伸出援手。你們兩位讓我把每件事做得更好！

- 感謝本書中所有接受我們訪問的第一線教育工作者，謝謝他們願意和我們分享他們的故事。特別是史考特（Scott）、阿莉卡

（Arika）、萊恩（Len）、妮基（Nikki）和比爾（Bill）等人，我們深表感謝！這本書因爲你們的故事而增色不少。

● 謝謝朋友和家人支持我們投入幾乎一整年的時間撰寫這本書；沒有你們的支持，我們無法完成。

● 感謝國際教育科技協會的團隊，包括我們的責任編輯薇樂莉・魏特（Valerie Witte）的耐心與慷慨，總是相信我們有能力完成這本書！我們也很感謝編審琳達・拉弗萊姆（Linda Laflamme），感謝她的慧眼獨具和溫柔催促，讓我們以可能範圍內的最佳狀態向前邁進。

● 謝謝所有第一線的教育工作者，因爲你們站在抗擊錯誤訊息／假新聞的前線陣地。我們需要你們，感謝你們每天的付出。繼續加油！

達倫想要表達以下謝忱：

● 詹妮佛，多年前妳前來聆聽我有關假新聞的第一場公開報告，當時我受寵若驚。妳是我見過最有能量的媒體專家。謝謝妳讓我參加這場旅程，而且適時鞭策我。堅韌的精神讓妳堅持不懈，而這種堅韌精神將幫助學校，在現在和將來終結假新聞這種世紀流行病毒。

● 我也想感謝許多教育工作者和朋友們一路上對我們的幫助。

● 最後，我要感謝國際教育科技協會提供我們這個難得的機會。

獻辭

感謝大衛（David），因爲他一直支持這位「職業作家」（而不是休假作家）。也謝謝雪倫（Sharron）一直支持她的「那個老師」。如果不是你們兩個，我無法完成這本書。

——詹妮佛

感謝卡爾·伯爾德（Cal Bolder）[2] 讓我有了寫一本書的念頭。感謝我的父母，讓我有機會質疑生活中的事物並且珍惜時光。最後，我要感謝簡（Jan）、布萊登（Braden）和諾蘭（Nolan），謝謝你們支持爸爸的滿腔熱血——總是促使他人批判思考他們想要的社會。沒有你們的支持，我無法做到這一點。

——達倫

---

[2] 譯註：卡爾·伯爾德（Cal Bolder，本名：Earl Craver，1931-2005），美國演員。他自影壇退休後，曾以本名出版一本書名爲《Last Reunion》的小説。

目錄

序言

就新聞而言，我們應該總是等待確認這個聖禮的到來。

——伏爾泰（Voltaire, 1694-1778）

2017 年 9 月 19 日，墨西哥發生 7.1 級的大地震，不僅摧毀了建築物，在倒塌的學校裡也有許多小孩不幸罹難，更有大量人潮湧入首都墨西哥城的街道。災難消息很快地在社群媒體上擴散傳播，讓全世界意識到墨西哥中部人民面臨的苦難（Semple, Villegas, & Malkin, 2017）。人們通過手機、平板電腦和筆記型電腦觀看這場悲劇，並且通過分享他們的故事（按讚、轉推和轉發）來放大地震倖存者的聲音。20 多年前的 1995 年 4 月，奧克拉荷馬州奧克拉荷馬市阿爾弗雷德・默拉聯邦大廈的爆炸案（History, 2009），同樣吸引了全世界人民的關注。然而，與那些關注墨西哥城地震悲劇的人不同的是，當時關注爆炸案的人必須盯著電視和廣播，等待被媒體過濾後的新聞，然後以廣播的形式傳播給公眾。（作者之一的詹妮佛還記得，她當時在下班後，和一大群人擠在街角熟食店裡的大電視前追蹤相關新聞。）

拼第一名

　　俗話說「壞事傳千里」（bad news travels fast），但是今天，所有新聞的傳播速度都比以往任何時候還要快。社群媒體上的新聞動態更新，結合了直接推送到我們手機的通知，讓新聞消費成為我們現在必須主動選擇退出（opt out），而非主動選擇加入（opt into）的一件事。更重要的是，公民新聞（citizen journalism）的到來，亦即任何使用行動裝置的人都能從事新聞和資訊的蒐集、流通和分析，這意味著公眾經常比專業新聞工作者更早得知某個消息。2012 年科羅拉多州奧羅拉電影劇院發生的大規模槍擊事件，就是屬於這種情況，目擊者在新聞採訪人員抵達現場之前，已經不斷地在社群媒體上發布最新消息（Hawkins-Garr, 2013）。

　　2017 年，雅瑞安娜・格蘭德（Ariana Grande）在英國曼徹斯特的演唱會發生恐怖襲擊事件之後，英國國民保健署（National Health Service，簡稱 NHS）發布新準則，指引涉及重大事件（例如恐怖襲擊）後應該如何使用社群媒體。除了警告線上發布的事件相關資訊可能不正確之外，NHS 還警告目擊者及／或受害者在線上與陌生人分享自己的事件版本時要格外小心，「別人會把你分享的資訊用於他自己的目的，而且在事件發生的當下，你可能會說出原本無意說或甚至會感到後悔的話。」（Silver, 2017）新聞事件發生當下，在社群媒體上分享的第一人稱說法，已是我們這個時代新的主要消息來源。但是和所有第一人稱的說法一樣，它們往往僅代表其實是相當複雜情境下的單一觀點。新聞工作者受過訓練，可以將這些故事放在適當的脈絡下，把它當成更大的整體圖像的一部分。但是，這種分析往往需要花費時間醞釀，其情感上的吸引力不如現場目擊者在事件發生當下發出的一系列即時推文。再者，由於新聞時效性被看得比報導性更重要，所以我們平常接觸的新聞內容也常見到各種有意和無意的錯誤。

爭先恐後拼第一，以及新聞記者（包括傳統記者和公民記者）採用的所有策略，都在確保他們報導的新聞能夠吸引閱聽人點擊，這也可能說明了為什麼刻意製造的假新聞在網路上傳播得比真實新聞更快。在 2018 年 3 月 9 日的《科學》雜誌，美國麻省理工學院（the Massachusetts Institute of Technology, MIT）的研究團隊，分享他們對超過 300 萬用戶所發布的 12 萬 6,000 則新聞報導的分析。研究團隊發現，平均而言，「真實新聞觸達 1,500 人所需的時間，平均是虛假消息的六倍。」（Fox, 2018）。他們說，真相通常比虛構更令人感到陌生，但很顯然地，它的確無法吸引人們迅速分享。所有這些，把我們帶回到 2017 年發生地震災難的墨西哥城。

地震與餘震

地震最終在墨西哥中部造成 369 人死亡，在地震發生後的幾天裡，隨著事件的進展，人們仍然緊盯著與地震相關的報導。但是至少有一天半的時間，地震災情和上升的死亡人數並不是所有人關注的焦點，整個世界聚焦在一個主題標籤上：#frida。這個主題標籤背後的一系列事件已被充分記錄下來。

首先，在墨西哥城發生 7.1 級地震的 9 月 19 日星期二當天，恩里克·雷薩門學校（the Enrique Rébsamen school）就倒塌成一片瓦礫。人們衝進學校搶救受傷的孩子，但希望很快就破滅（Specia, 2017）。第二天晚上，軍方、警察和當地志工已在現場挖掘超過 24 小時，消息傳出有位倖存女孩困在瓦礫中（Mullany, 2017）。很快地，所有人都關注這件事：12 歲女孩困在倒塌的學校廢墟中，而救援人員正在搶救她（Argen, 2017）。很快地，電視攝影機都鎖定在這起分秒必爭的救援行動上。有關這位女孩的片段資訊不斷流出，有人開始說女孩的名字是芙烈達。有報導說，和芙烈達同時受困的，還有另外五個孩子。另一些報導說，芙烈達

有和救援人員交談，還扭動了手指。還有報導說，救援人員已經成功送水給受困的女孩芙烈達了。

　　墨西哥城最大的新聞臺（Televisa）的記者丹妮爾·迪瑟比德（Danielle Dithurbide）在報導中表示，救援人員告訴她，受困的 12 歲女孩是使用熱掃描儀找到的。她告訴觀眾，搜救隊已和那個叫芙烈達·索菲亞（Frida Sofia）的女孩有所接觸。記者說，救援人員不願透露自己的姓氏。當天稍晚的時間，迪瑟比德女士用攝影機採訪了救援人員，救援人員說有一個孩子活活困在倒塌的建築物裡。其中一個採訪裡，一位自稱阿爾圖米奧（Artemio）的「電工和救援人員」說他有聽到受困女孩的聲音。

　　「是的，非常微弱的女孩聲音，顯然是那個叫索菲（Sofi）的女孩的聲音，」阿爾圖米奧說。

　　「我問，『妳的名字？』她說，「索菲，索菲。」（Noticieros Televisacom, 2017）

　　在 9 月 21 日週四凌晨，美聯社（the Associated Press，簡稱 AP）引用了另一名有著類似經歷的救援人員的話。《紐約時報》和其他新聞機構刊出美聯社的報導：「週三晚上從現場出來的救援人員勞爾·羅德里戈·埃爾南德斯·阿亞拉（Raul Rodrigo Hernandez Ayala）說，『女孩還活著，她有生命跡象，』並且『還有五個孩子還活著。』『有個地下室，他們在那裡找到了孩子。』」報導接著說，「戴頭盔的救援人員在週三大清早發現了那個被埋在廢墟中的女孩，並且向她喊話說若她能聽見的話，請她試著動一動自己的手。她照做了。於是派出搜救犬進入廢墟以確認她還活著。一名救援人員告訴當地媒體，他已經與那個女孩談話，女孩說她的名字叫芙烈達。」（Associated Press, 2017）

　　接下來發生的事情是：

- #Frida 這個主題標籤在推特上蔚爲風潮（Agren, 2017）。
- 無巧不巧，一隻在災難現場執行任務的軍方搜救犬也叫芙烈達（Frida）（Volmiero, 2017）。
- 隨著越來越多的新聞媒體陸續報導搜救工作的消息，芙烈達的相關報導也越來越多（Noel, 2017）。
- 全世界有數百萬人關注這件事，大家都想知道芙烈達是否會獲救，以及這個可怕故事是否會以喜劇收場。

但是，最終她當然沒有獲救；因爲，所謂有個女孩倖存者被困在瓦礫中一事純屬子虛烏有。芙烈達・索菲亞這個女孩從未存在過（Mullany, 2017）。

在研究事實與虛構時，芙烈達・索菲亞的故事經常被提及，以此作爲人們如何共同陷入某些特定敘事的例子。對此，我們忍不住思索：

- 這是假新聞（fake news）嗎？
- 這是（出現在臉書新聞動態中的）政客和人們所說的「假新聞」嗎？
- 弄錯事實與故意欺騙，兩者之間有什麼區別？
- 爲什麼有這麼多人被虛假訊息所惑？
- 爲什麼這麼多人被爲了愚弄我們而刻意製造的虛假訊息所騙？

來自馬其頓的一個匿名的網路內容生產者〔姑且稱他爲迪米特里（Dimitri），你將在第 3 章了解到關於他的更多細節〕說：「你看人們喜歡什麼，就給他們什麼。你看到他們喜歡水，給他們水，他們喜歡酒，就給他們酒。」（Smith & Banic, 2016）假新聞之所以有用，是因爲它吸引了我們的思維習慣。正如我們將在後面章節中探索的，我們自然而然地接受那些可以證實我們的偏見和扣人心弦的故事。另外，儘管有許多相反的證據，大多數人自以爲精明，認爲自己完全有能力區分眞實與虛構。更重要的是，那些精於此道且以此謀生的人（例如迪米特里），善用上述人性

弱點而製造難以和真實訊息區分的虛假訊息。

　　思考一下芙烈達故事的某些組成部分，它們也與通常被用來製作假新聞時向讀者提供所需內容的這種策略相吻合：

- **容易被人接受的知名人士和地點。** 由於〔墨西哥知名女畫家〕芙烈達・卡蘿（Frida Kahlo）的緣故，芙烈達是全世界很多人都熟悉的名字。如果我們與畫家及其藝術有聯繫，那就更好了，因為我們的大腦自然將芙烈達這個名字與我們知道並信任的事物聯繫在一起。

- **散播一些事實。** #frida 主題標籤下的相關消息都是真實的。墨西哥確實發生了地震，校舍倒塌也是事實，有媒體報導說有小女孩受困，軍方派赴現場的搜救犬有一隻名字也叫芙烈達。

- **包含多個消息來源和政府公告，讓人更加信服。** #frida 主題標籤下的敘事，是主流新聞報導引用未經充分查證的公民新聞的案例。在主流新聞媒體和政府機構重複報導後，最初由現場某個人無意間散布的虛假訊息就被當成確有其事了。

- **現場目擊者現身說法。**「來自現場」的報導越多，這個故事似乎就越可信。但這個故事充斥許多所謂現場目擊者說法，事後證明都是捏造的。

- **心理／情感投入。** 儘管倒塌校舍的廢墟瓦礫下有小女孩受困的消息令人震驚，但我們希望它是真的，因為我們希望能有圓滿結局出現。

為什麼這很重要？

在接下來的各章中，我們將深入探討假新聞現象如何滲透進入我們的生活，這個詞語被挪用的方式如何困惑和撕裂我們，以及所有這些對我們教育工作者特別有意義，因為我們的工作是為了讓下一代比我們過得更好，也比我們把地球照顧得更好而準備的。

但是，如果我們不知道周圍發生了什麼，我們該如何培養學生並帶給社會正向的改變？更重要的是，如果我們根據資訊如何確認或牴觸自己的信念來考量它對世界的意義，我們又將如何保護成長中的孩子，讓他們足以因應這麼多的變動挑戰？難以追蹤每一件事的壓力，反過來又破壞了我們是誰，以及我們如何敘說我們的故事。

我們想寫這本《假新聞教戰手冊》來拆解「假新聞」的概念，並且考量我們從事教育領域的人如何為學生拆解假新聞，因為我們知道是故事將我們聯繫在一起，並且人與人之間的相互理解和接受是建立在我們共同擁有的事物。我們無法承受被這三個字（亦即：假新聞）折騰，甚至由於它的四處充斥而導致人們已經對它視若無睹了。我們想寫這本書，因為真相很重要。我們相信，在一個以創造病毒式傳播內容為首要目標，而將正確事實擺在次要地位（如果有的話）的世界裡，幫助學生培養從虛構中辨別事實所需的技能，誠為公民的基本技能。

讓我們開始吧！

習作

1. 思考一下你一生中目睹的一些重大新聞事件。社群媒體如何改變（無論好壞）你體驗這些歷史關鍵時間點的方式？

2. 你是否曾經被虛假訊息所騙，是否曾不小心把後來證明是虛假訊息的資訊分享給他人？與學生分享這些經驗，如何可能成為延伸他們思維的有效方法？

3. 用推特聯繫我們！你是否正在教導學生評估和引用數位時代的主要來源，例如推特上的推文（tweets）、Snapchat 的快照（snaps），以及 Instagram 上的對話？如果是，這主要發生在哪些主題上？告訴我們這是怎麼發生的，以及你和同事是如何教學生做這方面研究的。

與我們分享你的想法和思考：@jenniferlagarde 和 @dhudgins #factvsfiction

第1章 「事實」被留在了2015年：為何現在需要這本書？

後真相（ㄏㄡˋ ㄓㄣ ㄒㄧㄤ）

形容詞

意指客觀事實的影響力減弱，迎合情緒的主觀言論反而較能形塑民意輿論。

「在**後真相**政治的時代，要找到資料來支持你想要的結論是件輕而易舉的事。」

「有些評論家觀察到，我們現在正生活在一個**後真相**的時代。」

（"Oxford Living Dictionaries", n.d.）

每年，《牛津字典》都會選出一個年度代表字（Word of the Year）。這個字必須在過去 365 天內被大量使用，而且能夠反映過去一年的「氛圍和主流想法」。2016 年的年度代表字就是**後真相**（post-truth）。編輯人員指出，《牛津字典》研究發現，後真相一詞的使用率大幅提升，與 2015 年相比增加了大約 2000%。

　　不同於過去的年度代表字，**後真相**一詞不僅代表了 2016 年，似乎也代表著未來。當《牛津字典》宣布這個新單字，用來描述一個事實似乎不再重要的新世界時，我們確實對錯誤訊息的傳播感到越來越擔憂、迷惘。

　　愛德曼公關公司全球信任度調查（Edelman Trust Barometer）每年對全球 28 個國家進行調查，了解人們對於該國政府、媒體、企業等的信任程度。2018 年的調查顯示，59% 的回答者表示不信任他們看到的新聞，63% 表示他們不相信一般人有能力辨識新聞的真偽。調查數據公布時，愛德曼全球名譽主席史蒂芬・柯荷（Stephen Kehoe）告訴消費新聞與商業頻道（CNBC）：「當今全世界的事實遭到圍攻，具可信度的資訊來源比什麼都重要。可是資訊平臺和來源的可信度都有疑慮，人們的信任正在崩解。」數據也證實了他的說法，65% 的受訪者回答說他們從社群媒體和搜尋引擎獲取新聞，但是有 21 個國家的受訪者對於那些平臺的信任降低（Edelman, 2018）。

　　「後真相」的現象在美國尤其顯著，人們也不信任政府機關，調查中只有 33% 的回答者表示他們信任來自政府的訊息。美國人對於政府與新聞自由的信任正在腐蝕的趨勢，反映在相關的民意調查報告，其中的一份愛德曼「全球信任度」報告摘要更包含這段行動呼籲：

> 美國正在面臨危機，這絕非誇張的說法，不論是政府、企業、民間機構的領導者，都必須採取緊急的行動。怠惰和沉默都不是解決方法。公眾對於美國傳統的領導結構的信任已經分崩離析，取而代之的是強烈的恐懼、不確定感，以及理想幻滅。
> （Edelman, 2018）

　　我們正生活在後真相的世界，「另類事實」和「假新聞」主宰了我們的討論，而且經常勝過以往權威、主流的消息來源。為什麼會發生這種

事？當然，答案很複雜，而且不同人有不同的見解。你可能想要歸罪於科技，畢竟網路和智慧型手機普及於我們的日常生活，因此加深、擴大了這個問題。（在後面的章節裡，我們將探討科技如何促進欺騙，卻也提供工具幫助我們脫離陷阱。）你也可能想要歸罪於那些日漸增加的愚民，他們總是說著過去多麼美好，想當年人們都比較聰明又有品德，然後說我們落入政治宣傳的圈套都是活該。但是現在我們先停下腳步，暫時不要探究這一切的起因，一起先來看看**後真相**現象帶領我們踏上的奇妙旅程。

反正你說什麼都不能說服我啦！

2016 年美國總統大選前夕，很多新聞組織訪問了投票的民眾，詢問他們為什麼決定把票投給該候選人。作者詹妮佛還記得當時看過一個訪問，一名投票者情緒激昂的引述了一則新聞，指出前美國國務卿希拉蕊・柯林頓（Hillary Clinton）跟一個兒童販賣組織有關，但是這則新聞已經被多次證明是假的。當記者舉出例子向受訪者反駁這則新聞已經證實為誤，受訪者絲毫不改變自己的想法，也完全不考慮記者的觀點，而是回嗆：「反正你不管說什麼都不能說服我啦！」即使聽到了已經被證實的事實，這位選民還是緊守著自己原本相信的想法。更重要的是，不是只有他會這麼做。

過去數十年眾多心理學研究指出，當人們根深蒂固的想法被事實反駁時，大部分的人們會找出各種藉口來懷疑事實，然後繼續堅定地支持自己原先的想法（Kolbert, 2017）。再加上兩極化的政治趨勢，一道名為「邏輯與理性之災難」的料理已經準備上桌，而這還不是結束。人們不願意考量與自己理念背道而馳的解釋，但非常願意分享支持自己理念的資訊，就算根本還沒查核過資訊的正確性。

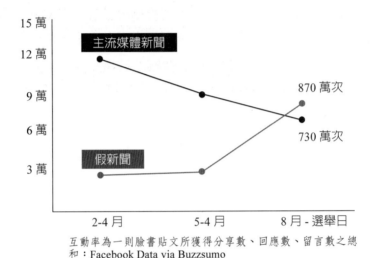

20 篇最受歡迎選舉新聞的臉書互動率

圖 1.1　儘管大部分人自認有能力辨識假新聞，網路媒體《BuzzFeed》的分析指出，臉書用戶在 2016 年美國總統大選期間，分享的假新聞數量多於真實訊息。

　　2016 年 11 月，網路媒體《BuzzFeed News》的分析指出，關於選舉的假新聞（已被獨立第三方事實查核機構證明為不實）在臉書上的互動率（讚與分享）高於 19 家主流媒體的選舉新聞（Silverman, 2016）。

　　除此之外，人們在使用社群媒體如推特和臉書時，可以在沒有通知他人的情況下，取消追蹤與自己觀點不同的人，不用擔心會產生尷尬或衝突。只要輕鬆方便的點一下，就可以把相反意見從網路生活中剔除。

　　當然，有時候我們可能根本無意造成這些結果。2018 年，臉書執行長馬克・祖克柏（Mark Zuckerberg）被傳喚到美國國會，為劍橋分析公司（Cambridge Analytica）事件作證，該公司暗中蒐集了 8,700 萬名臉書用戶的私人數據資料。祖克柏作證超過 10 個小時、回答近 600 個問題，而共和黨議員羅傑・維克（Roger Wicker）問了以下問題：「報導指出臉

書能夠追蹤用戶的瀏覽紀錄，就算已經登出也能持續追蹤。你是否能證明這則消息為真或假？」雖然臉書執行長沒有正面回答這個問題，但他答應議員，臉書團隊之後會再給他答覆，並提及網站的 cookie（當你造訪不同網站時，網頁伺服器蒐集、儲存、傳送的資料）的確可能有追蹤的功能。

2011 年，伊萊・帕瑞薩（Eli Pariser）出版《過濾泡泡：網路沒有告訴你的事》（*The Filter Bubble: What the Internet Is Hiding from You*）一書。他在書中與 TED 演講時發出警告：網路不只用其蒐集的資料來推銷產品給我們，也把與我們觀點不一致、較少點閱或按讚的訊息隱藏。過去幾年來，這些演算法越來越精準，為了讓網路內容符合使用者的喜好與信念。因此，零售商能更精準的向我們投放廣告、推銷一些我們可能真的會買的東西，而類似於劍橋分析公司的企業也能用「心理測驗」來區分出消極的投票者，並把他們當成特定政黨或候選人的目標。隨著精準度提升，我們越來越少接觸到與我們意見相左的看法，所以漸漸變得無法與持有分歧意見的人進行理性討論。最後，不論我們是否積極地將相反意見隔離在外，網路的演進也會自動幫我們達到過濾效果。

這一切跟假新聞有什麼關係？

2017 年，皮尤研究中心（Pew Research Center）民調指出，67% 的美國人從社群媒體接收至少部分的新聞。同一民調也指出越來越多人從臉書、推特、YouTube、Snapchat 及其他社群媒體獲取新聞，尤其中老年人、非白人、教育程度較低者這些以往較依賴傳統媒體的族群（Shearer & Gottfried, 2017）。雖然這些趨勢明顯展現出社群媒體刻意過濾訊息的問題，但也同時提供了政黨與助選團體一個機會。當有越來越多人從具有個人偏見的社群媒體動態獲取新聞時，這些動態就成了一片肥沃的土壤，滋養著一些看起來很合理的新聞，但其實都未經過類似傳統媒體的事實查核程序。

　　包括美國最高層的政治人物，很多公眾人物更進一步地助長了偏見的無限迴圈。他們沒有譴責假新聞，也沒有尋求事實和數據來支持自己的意見與政策，而是用「假新聞」一詞來詆毀與自己不同的想法。自上任至 2018 年 1 月，總統川普在紀錄上使用「假新聞」形容傳統新聞媒體超過 400 次以上（Stelter, 2018）。不論有意或無意，一直公開重複「假新聞」，後果是讓這個詞的意義減弱。換言之，如同「說謊者悖論」（Liar's Paradox）的道理：「當所有東西都錯，什麼東西就都沒錯。」當我們越來越不信任新聞，我們就會開始懷疑所有新聞來源，不論記者誠實度與編輯監督品質，全部看起來都一樣可疑。對那些散播錯假資訊的有心人來說，這似乎是個很不錯的結果。

教育工作者如何適應後真相的世界？

　　早在 1977 年，喬治・盧卡斯（George Lucas）的電影《星際大戰》（*Star Wars*）裡，帝國軍占領了一艘反抗軍飛船。一邊聽著不祥的爆炸聲，一邊等待身穿白色盔甲的帝國風暴兵湧入他們所在的走廊中，這時候，全宇宙最博學的機器人 C-3PO 轉向他的同伴 R2-D2 隨口說了一句：「我們死定了。」我們都能理解他當下的感受，當身處於困境時，我們很容易感到絕望。但是我們兩個作為研究假新聞現象多年的人，〔謹慎的〕保持樂觀態度。不僅如此，我們相信教育者握有關鍵的鑰匙，能夠帶領大家脫離這場混亂。

　　我們身處的當代世界，事實已經過時，而新聞產業變成為了欺騙消費者而存在，所以人人必須具備能力來分辨事實與虛構、用數據來對照個人想法。雖然當今教學方法著重於數學及語文的標準化測驗，而忽略了媒體素養、歷史、公民等科目，但是教育工作者仍應致力於傳播資訊，並以專業的態度幫助學生尋找可信的資訊來源。當資訊數量不斷以指數倍成

長，取得資訊的方式越來越多元，我們都該捫心自問：「一般的教育者已經準備好成為堅強的事實守護者了嗎？」

我們的答案是：沒錯，準備好了！假新聞看似是無堅不摧的超人，但是我們看到一些專業教師們為了民主的未來而努力，成為了假新聞超人的剋星——氪星石（kryptonite）[1]。在後面的章節裡，我們希望可以進一步的解釋眼前的挑戰，並提供老師們一些方法，來幫助學生更聰明地接收資訊，並介紹一些為了同樣目標而努力的開路先鋒。

---

[1] 譯註：氪星石（又名：克利普頓石）是 DC 漫畫公司出品的超人系列中的虛構礦物，會使超人失去超能力。

習作

1. 在這個章節裡，我們分享了一些催生出這本書的原因。你目前的動機是
什麼？在假新聞的世代裡，為什麼想要幫助你的學生學習批判思考，並
且成為聰明的資訊消費者？

2. 回想一下這個章節中所提到的資訊，對你來說，哪些是最緊急的？接
著，再想想你所在的學校與區域，你最想要跟誰討論這個緊急議題呢？
這個對話將會如何進行？

3. 用推特聯繫我們！如果你的學校要邀請學生家長與社區成員，舉行每月
一次的推特聊天室，主題為媒體素養，你會分享什麼推文來幫助他們更
加了解假新聞的現象？

與我們分享你的想法和思考：@jenniferlagarde 和 @dhudgins #factvsfiction

第2章

假新聞：
古已有之的偉大傳統

我們除了要打鐵趁熱，還要趁勝追擊。

—— 班傑明・富蘭克林（Benjamin Franklin）

　　網路具有全球性，而且是現代人獲取資訊的主要來源，這些特性讓散播各種謊言與錯假資訊的有心人士得以跨國、大規模地欺騙世人。不過，假新聞的問題並非新生事物。事實上，打從開國元勳夢想締造一個脫離殖民統治的共和國開始，假新聞就已經是美國歷史的一部分。

　　1782 年，班傑明・富蘭克林（Benjamin Franklin）擔心殖民地（北美十三州）與大英帝國達成和解，導致美國革命戰爭的目標落空，無法成為真正的主權獨立國家，他為波士頓的《獨立紀事報》（*the Independent Chronicle*）偽造了一份徹頭徹尾虛假的「副刊」。在這份假副刊中，富蘭克林寫了一則聳動新聞，事關殖民地民兵發現 700 多具「從不幸鄉親身上剝除的頭皮」。這則新聞指出，這些令人髮指的惡行，是英國喬治國王和北美洲原住民結盟的結果，後者被前者招募來對抗殖民地新興勢力（National Historical Publications & Records Commission [NHPRC], n.d.）。這份造假的副刊和當前的假新聞沒什麼不同，而且造假技術幾乎無懈可擊，「它令人信服的程度，直逼梅德福（Medford）[1]出售土地的告示，或是沙連（Salem）[2]尋找失蹤馬匹的啟事。」（Parkinson, 2016）當然，新聞裡那些恐怖的細節都不是真的，但這絲毫不減損它的影響力。

富蘭克林的故事到這裡還沒結束，他甚至冒用真實人物——約翰・保羅・瓊斯（John Paul Jones）——的名義，寫了一封造假的信函。約翰・保羅・瓊斯是美洲大陸海軍准將，也是殖民地的英雄（不過當時的英國媒體說他是海盜）。這封信的口吻跟《獨立宣言》大同小異，一樣都將所有可怕的暴行導向同一件事：美國必須宣布從大英帝國獨立（NHPRC, n.d.）。

這一次，富蘭克林沒有將這封造假信函偽裝成普通刊物，而是分享給他那些地位崇高的友人，接著友人又分享給他們的朋友，友人的朋友再分享給他們的朋友，一路輾轉相傳。不久之後，這封信的內容被眾人「瘋狂轉傳」，而且被刊登在報紙上。富蘭克林對這個結果相當滿意，他寫信告訴友人：「通過報紙，我們可以對全國人民說話。」他對古希臘羅馬時代的政治人物感到惋惜，因為他們還沒有自由報業可以操控。後來，他也曾在報紙上寫道：「我們除了要打鐵趁熱，還要趁勝追擊。」

追隨富蘭克林的腳步

兩個世紀後，美國總統伍德羅・威爾遜（Woodrow Wilson）跟隨富蘭克林的腳步，繼續「打鐵趁熱」。1914 年，他設立了美國公共情報委員會（Committee on Public Information，簡稱 CPI），用來管理新聞並爭

---

1 譯註：梅德福是美國奧勒岡州南部的一個縣。

2 譯註：沙連是美國麻薩諸塞州北岸的一個沿海城市。

取廣大人民對美國參戰（第一次世界大戰）的支持。威爾遜希望只有「官方」的戰爭訊息抵達前線，確保這些訊息都是正面積極的，能夠鼓舞士氣和忠誠。因此，CPI 的發言部門招募 7 萬 5,000 個受過訓練的巡講員，也就是後來眾所皆知的「四分鐘人」（Four-Minute Men）。這些巡講員的任務，是用簡短的演講闡述威爾遜的目標，並且被派赴任何一個有聽眾的場合，這些場合包括：小鎮廣場、電影院、教堂、工會會議，以及其他社區活動（Daly, 2017）。這些「四分鐘人」的演說，免費提供美國人民有關前線戰事的「官方」訊息，讓他們不需要等待，或購買早報或週刊；如此一來，威爾遜得以控制關於這場戰爭的敘事。

不過，為了個人利益而控制資訊的傳統，並不侷限於美國。的確，就在伍德羅・威爾遜利用 CPI 來操控關於第一次世界大戰相關敘事的不久之後，義大利的墨索里尼（Benito Mussolini）和德國的希特勒（Adolf Hitler）也利用宣傳手段取得大位，並且導致歷史上最慘烈的種族屠殺。墨索里尼曾經在義大利最受歡迎的報紙擔任記者和編輯，所以他很清楚如何用媒體獲得義大利人民的信任，接著灌輸他們關於政府與戰爭的新聞（Ben-Ghiat, 2016）。希特勒創立國民教育與宣傳部（Reich Ministry of Public Enlightenment and Propaganda），目標是「藉由藝術、音樂、戲院、電影、書籍、廣播、教育和媒體，成功地宣揚傳達納粹思想」（United States Holocaust Museum, n.d.）。他們兩人把正常的新聞媒體貼上人民公敵的標籤，然後把他們提供的新聞當作唯一可信的新聞（Irving, 2018）。

此時回顧過往，難免像是事後諸葛，但可以更容易地看清他們背後的真實目的：為了達成個人或政治目的，蓄意操控公眾意見。但是，對於當時那些被當成操控目標的人們來說，想要從被造假和竄改的資訊中分辨真假，可就沒有那麼容易了。

這一切與我們當今的假新聞現象有何關聯？把注意力轉向這個主題之

前，我們先思考歷史上的另一件新聞案例，同樣出自多產的班傑明・富蘭克林之手。除了其他方面的諸多貢獻之外，班傑明・富蘭克林被譽為第一個在美國創作並印刷出版政治漫畫的人。為了號召民眾支持殖民地獨立運動，也為了處理與易洛魁聯盟（譯按：一個北美原住民聯盟）之間的緊張關係，他創作了一幅漫畫，上面畫著一隻被大卸八塊的蛇，下面的標語寫著：「加入，或是等死。」（參見圖 2.1）蛇的一塊塊碎片象徵北美十三州殖民地想要生存唯有團結抗英一途（NHPRC, n.d.）。後來，富蘭克林的漫畫被刊登在美國的每一份報紙上，也成功地擄獲北美洲殖民地人民的心，把漫畫原始目的之外的觀念深植於他們腦中。這張蛇的漫畫不只成為殖民地團結訴求的象徵，最後還成為殖民地的戰旗——加茲登旗（the Gadsden Flag），加上精神標語：「別踐踏我」（*Don't Tread On Me*）。直到今日，加茲登旗繼續被當成反抗、不屈服的象徵。

圖 2.1　這篇政治漫畫（出自班傑明・富蘭克林之手）最初出現在英法北美戰爭和印地安征戰期間，但是後來被回收再利用，來鼓勵美洲殖民地加入 1750 年代的奧爾巴尼聯盟（Albany Plan of Union）。

延續傳統

　　班傑明・富蘭克林的貢獻不只有蛇的漫畫，他還深深影響了我們吸收資訊的方式。有些人的專業是以資訊影響大眾意見，他們最愛用的手法，除了用漫畫諷刺政治，還有捏造故事。其實，當我們從批判的角度看富蘭克林編造的關於 700 多名不幸鄉親被北美洲原住民殘忍謀殺的故事，可以看到製造假新聞經常使用的策略，與那個倒塌學校瓦礫中的受困女孩芙烈達的故事互相呼應（在本書序言中有討論過）。跟芙烈達的故事一樣，富蘭克林利用**名人和地點**營造出某種合理性，在關於戰爭與立法的捏造細節中，點綴一些**真正的事實**。富蘭克林偽造了一份《獨立紀事報》的副刊，並分享給他在各殖民地具有名望的朋友，並通過**他們繼續傳播給其他人**，為這則資訊增添**多重的消息來源**，這就是美國在殖民地時期的社群媒體。當然，他確保在故事中提到虛構的**現場目擊者說法**，並生動地描寫殖民地鄉親被北美原住民殘忍殺害的景象，將後者刻劃成野蠻人，成功地在讀者心裡創造出一種**情感與心理上的連結**。

　　聽起來很熟悉吧？雖然這兩個故事的內容很不一樣，但是其中含有相同的元素，容易誤導人們輕信錯假資訊（false information）。清楚了解富蘭克林的故事非常重要，因為我們很容易把假新聞當成 21 世紀獨有的現象，把它對人類的影響全部歸咎於科技，但是這樣的推論既不公平，也不明智。科技確實影響了假新聞的傳播速度與廣度，但是現今人們編造和繼續相信假新聞的原因，並無太大的改變。

　　簡單來說，問題的根源不在科技，而是出在我們，或至少可以怪罪我們的大腦。不是因為我們太愚蠢，無法分辨資訊真偽，而是：

　　在這個時代，美國人每週平均花費 24 小時在網路上，無時無刻
　　都在注意新訊息、貼文、通知，所以經常覺得自己的時間只夠

用來閱讀文章標題。我們是社交動物，為了得到更多的讚，願意忽略潛在的不確定感。堅定的政治傾向讓我們懶得思考。但是還有一個更根本的原因驅動這一切：我們在先天上渴望得到簡單答案（Steinmetz, 2018）。

假新聞心理學

1960 年代，英國心理學家彼得・華森（Peter Wason）做了一系列的實驗，展示大腦如何在既有信念的脈絡下處理訊息。基本上，實驗的進行方式如下：受試者會拿到三個數字，並且被告知這組數字吻合實驗操作者心中的一套規則，然後寫下自己對這套規則的假設。舉例來說，如果受試者拿到了 2、4、6，他可能會寫下「三個偶數」作為假設。接著，受試者必須再寫下另外三個數字，用以確認自己的假設是否吻合實驗操作者的規則。不論他們猜了幾組，實驗操作者最終會公布受試者的想法是否正確。不過，受試者也可以在想出一套假設的規則的當下，直接詢問實驗操作者是否正確（Explorable.com, 2010）。

就在這個時刻，實驗開始變得更有趣了！

不管受試者猜了幾組數字，他們交給操作者的數字組大多無法吻合實驗操作者心中的那套規則。為什麼會這樣？因為在大多數情況下，他們只會寫下可以**確認**自己假設的數字組。如果受試者認定「2、4、6」背後的規則是「三個偶數」，他們會繼續寫下另外三個偶數。他們只會想辦法確認自己既有的假設，而不會寫出可能推翻自己原先假設的數字組（如果你想要看動態版的實驗，可到以下網址觀看影片：bit.ly/2vPSxcF）。

這系列的實驗導出了「確認偏誤」（confirmation bias）一詞，意思是我們的大腦只會尋找能證實自己既有想法的資訊。另一個相關的詞「內

隱偏誤」（implicit bias），意思是：我們的想法、行為、決定會無意識地被潛在的偏見和刻板印象所影響。這兩個術語告訴我們，何以人們這麼輕易地相信錯誤資訊，這麼容易忽略牴觸自己想法的事實。反過來說，這也說明為什麼製造假新聞的人可以輕鬆發展出有效的模式與策略。所以，我們該怎麼做？第一步，覺察自己的偏見。

比方說，本書的兩位作者是咖啡的重度使用者，每天都從一杯咖啡開始（而且還經常以一杯咖啡結束每一天）。由於這個偏見，他們兩個傾向於相信關於咖啡有益身體健康的研究發現，較不樂意了解關於咖啡可能造成的健康風險。不過，他們對自己在這個方面的偏誤有所自覺，因此有機會接觸相關資訊時，成為更具有批判力的消費者。

我們需要天天練習，才能清楚意識到自己的偏誤——我們自己是如此，學生亦然。此外，雖然傳統媒體素養教育通常未包括假新聞背後的心理學，但是我們或許應該把它列入媒體素養教育當中。

假新聞抗戰前線：媒體素養教學

早在 1995 年，阿倫・諾文伯（Alan November）就寫了一篇關於媒體素養的文章——〈教札克如何思考〉（Teaching Zack to Think），該文「聚焦於教導學生相關技巧，讓他們能更有目的地搜尋資料」（November & Mull, 2012）。2013 年，有鑑於網路世界在這 20 年間變化甚鉅，諾文伯對如何「教導學生理解他們隨手可及的大量資訊」，提供了進一步的建議。教師們不能只是教學生養成搜尋資料的良好習慣，他解釋說：

> 雖然這項技巧很重要，但它只是網路素養的三大支柱之一。這
> 三大支柱包括：

1. **更有目的的搜尋**：使用進階搜尋技巧，縮小查詢範圍，找到更有品質的網路資訊。
2. **更有效率的組織和協作**：有系統地組織所獲得的網路資訊，成為具有全面性與成長性的個人知識寶庫。
3. **分享與理解資訊**：分享我們從全世界學到的東西，並且借用別人的知識，從而對世界有更好的理解（November & Mull, 2012）。

　　許多學校以諾文伯的網路素養三大支柱為基礎，在研究的脈絡下進行媒體素養教學，一些學校也找了讓人傻傻看不清的西北太平洋樹章魚（Pacific Northwest tree octopus）來助陣。1998 年，萊爾・薩帕托（Lyle Zapato）在網路上發起拯救所謂「瀕臨絕種動物」的西北太平洋樹章魚的任務，還為這種棲息於樹上的章魚架設了一個完整網站，網址是 https://zapatopi.net/treeoctopus。儘管他在網站上提供用來證明此物種真實存在的各種詳盡資料，可是網站上的所有東西都是憑空捏造的。直到今日，這個惡作劇網站還是許多教師的好幫手，可以用於教導學生如何識別假網站，以及如何運用理解、分享資訊的能力。透過比較該網站資訊與自己所學的地理、生物知識，年輕學子可以從中發現，網路資訊就算看起來相當可信，也應該謹慎評估所有資訊來源是否經得起檢驗。

　　另一個常用的媒體素養教學工具是 CRAAP 測試（參見圖 2.2）。2010 年，加州州立大學溪口分校的美利安圖書館設計了這個測試程序，用五個問題作為學生們（尤其是中學生）判斷網路資訊來源是否可靠的準則。

　　顯然，教師們一直都沒有忽視媒體素養教育，也深知學校教育必須教導學生如何思考。但如果這些策略和工具真的有發揮功效，為什麼在網路上看到什麼就相信什麼的人還是越來越多？

它是當前的情況嗎？（Is it Current?）

    它是何時被發布的？它所引用的是當前的資料嗎？資料的新或舊，對這個主題重要嗎？

它是相關的嗎？（Is it Relevant?）

    這個資訊跟我的主題相關嗎？它的目標閱聽人是誰？它適用於我的需求嗎？

它夠權威嗎？（Is it Authoritative?）

    它的作者是誰／什麼團體？他們是這方面的權威嗎？它有經過編輯或同儕審查嗎？如果是來自網站，它的網址有透露出任何訊息嗎？

它正確嗎？（Is it Accurate?）

    這個資訊的來源是哪裡？它有引用任何資料嗎？它有任何錯誤或無效網址嗎？

它的目的是什麼？（What is its Purpose）

    這個資訊想達成什麼目的？廣告？學術期刊？評論？其中含有偏見嗎？

圖 2.2　根據美國圖書館協會用來評估資訊可信度的準則，加州州立大學溪口分校的美利安圖書館發展出以上這套 CRAAP 測試。

這個問題的答案很複雜，所以我們將在後續章節中探討一些可以改變現況的策略。不過，我們確實知道的是，公民、社會科課程一直是讓學生從中學習探索宣傳的意義、新聞媒體的角色，以及兩者在歷史上曾經如何被用於邪惡目的。

可惜的是，自從開始實施《有教無類法案》（No Child Left Behind，簡稱 NCLB）之後，理工科目（STEM）的相關測驗越來越受重視，也更加著重考試導向的科目，例如：英文、科學、數學。但是，在平日增加這些科目的補救教學時數，反而會壓縮社會科、公民科的教學時數。尤其在 2001 年通過 NCLB 法案之後：

- 62% 的小學增加英文及／或數學的教學時數。
- 超過 20% 的中學增加英文及／或數學的教學時數。
- 36% 的學校減少了社會科與公民科的教學時數（National Center for Fair and Open Testing, 2007）。

當你比較不同學年的數據時，這種趨勢會變得更為明顯。在 1993-1994 學年度，學生投入 9.5% 的時間在社會科的學習上；但在 2003-2004 學年，儘管學校的教學總時數增加，學生卻只投入 7.6% 的時間在社會科。根據國家教育統計中心（National Center for Education Statistics）的研究顯示，學生每週學習社會科的時間減少 2%，相當於整個學年減少了四週的學習時間（Morton, 2007）。

打鐵趁熱

雖然被用於宣傳目的的科技已經改變，但假新聞並不是一個新問題。教育工作者很努力地尋找因應之道，但目前的教學現場遇到許多要求與限制，讓他們感到很吃力。不過，我們還是可能克服這些挑戰！正如我們必須意識到自己作為一個資訊消費者會有偏見一樣，我們必須坦然面對這些現實：我們在媒體素養教學上過去長期使用且依賴的一些方法，已不足以讓我們達成今後的任務；同樣地，我們也不能總是以為這些議題已經在其他課程中被當作教學重點了。

假新聞是人類兩種本性的副產品：想用資訊來影響他人意見，以及想用資訊來證明自己的意見是對的。身為教育工作者的我們，同樣也具有這兩種天性。在接下來的章節中，我們會分享一些案例與資料，讓你挑戰自己既有的認知。我們希望你花一些時間反思自己的偏見如何影響自己對於資訊的反應，並且花時間了解我們所提供的一些可以指點迷津的教學資源。每個人都有偏見，這不代表你或任何人就是一個壞人或壞的教育

工作者，但是如果對自己的偏見缺乏自覺，並且未反思這些偏見對自己在評估資訊上造成的影響，那麼在你試著教導學生培養有效的媒體素養技能時可能難以達陣。最後，雖然情況很不一樣，我們認為班傑明・富蘭克林的話在這裡同樣適用：「打鐵趁熱」可以提高成功的可能性。趁現在鐵還熱 —— 甚至有人可能會說現在簡直是處於滾燙狀態 —— 行動的時機就是現在！

習作

1. 在學生眼中，像富蘭克林這樣的歷史人物似乎相當可靠。我們應該如何使用歷史上的假新聞實例，幫助學生了解這個現象背後的心理學？

2. 你是否曾意識到，自己所獲取的專業或個人生活資訊含有偏見？這些偏見，是否對你的媒體素養教學有所影響？

3. 用推特聯繫我們！你覺得教育工作者應該如何討論「確認偏誤」與「內隱偏誤」等概念？分享一下你周遭的教育工作者的經驗，這些類型的偏見對他們在教學實務上有何影響。

與我們分享你的想法和思考：@jenniferlagarde 和 @dhudgins #factvsfiction

第3章 劇變的世界和假新聞

　　2016 年 11 月，《紐約客雜誌》（*The New Yorker*）開始刊登一系列的政治漫畫，描繪當時社會的資訊樣貌（參見圖 3.1）。其中一則漫畫中，「沒人在乎事實」的遊戲節目主持人，告訴一位名叫珍妮的參賽者：「雖然妳的答案是對的，而另一位參賽者凱文的答案是錯的，但是他大聲喊出自己的答案，音量蓋過妳的回答，所以凱文才是這局比賽的贏家。」（Dator, 2016）這篇單格、黑白的諷刺漫畫，完美地詮釋了讓人感到不舒服的真相：我們的麻煩大了！

　　不可否認的是，「假新聞」一詞前所未有的引起了大家對媒體素養的注意，但是這個詞彙本身過度簡化了我們正面對的複雜且瞬息萬變的問題。「假新聞」一詞暗示我們資訊分成兩種：對或錯，而忽略了錯誤訊息中用來愚弄我們的細節，也沒有正視我們獲得資訊的**方式**也可能造成混亂，讓我們分不清楚眼前訊息的目的究竟是娛樂、影響意見，或鼓勵消費。本章節將解剖假新聞內涵的細微之處，以及解析我們獲取資訊的方法如何讓欺騙變得更容易。

圖 3.1 多到數不清的使用者曾在社群媒體上分享這幅漫畫，因為它一語道破我們的集體挫折。很多人想問的是：所以我們現在該怎麼辦？

所有不值得印刷的新聞：新的媒體地景

如同我們在第 1 章所說，社群媒體不斷演進，已變得無處不在。現在，越來越多美國人認為社群媒體的功能不只是與老朋友重新取得聯繫，或是發布修圖過的美食照片。根據皮尤研究中心（Pew Research Center）2017 年的調查顯示，三分之二（67%）的美國人表示他們從社群媒體上獲取新聞。除此之外，在年紀較長的族群中也展現明顯上升，他們正好（巧合）是在美國大選和中期選舉中，擁有最高投票率的族群（File, 2017）。皮尤中心研究人員指出：「這是第一次在皮尤中心調查中，有超過半數（55%）50 歲或以上的美國人表示他們從社群媒體獲取新聞，比 2016 年增長了 10%。」（Bialik, 2017）待會我們會更深入探討學生們是

社群媒體新聞使用者輪廓

每一種社群媒體網站新聞使用者的百分比是：

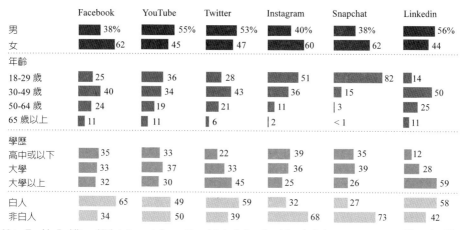

	Facebook	YouTube	Twitter	Instagram	Snapchat	Linkedin
男	38%	55%	53%	40%	38%	56%
女	62	45	47	60	62	44
年齡						
18-29 歲	25	36	28	51	82	14
30-49 歲	40	34	43	36	15	50
50-64 歲	24	19	21	11	3	25
65 歲以上	11	11	6	2	< 1	11
學歷						
高中或以下	35	33	22	39	35	12
大學	33	37	33	36	39	28
大學以上	32	30	45	25	26	59
白人	65	49	59	32	27	58
非白人	34	50	39	68	73	42

Note: Tumbir, Reddit, and WhatsApp not shown. Nonwhite includes all racial and ethnic groups, except non-Hispanic white.
Source: Survey conducted Aug. 8-21, 2017.
"News Use Across Social Media Platforms 2017"

PEW RESEARCH CENTER

圖 3.2　你從哪裡獲取新聞？如果是臉書、IG 或 Snapchat，你並不孤單。

從何處獲取新聞，但在同時，我們認為即使父母和監護人對年輕人的價值及觀點有很大的影響，值得注意的是，社群媒體對學生們看待新聞與政治的觀點，比在家中聽到的話，有更大的影響力。可是我們也在第 1 章說過，社群媒體上人們以新聞之名分享的東西，大部分都是假的。

　　所以，學生們都是從哪裡獲取新聞呢？我們敢打賭大部分和〔擁有行動裝置的〕孩子們一起工作的人，對答案肯定不會感到驚訝——Snapchat。在皮尤研究的眾多社群平臺之中，Snapchat 使用者是最年輕的族群（Shearer & Gottfried, 2017）。同一份皮尤報告顯示，會從 Snapchat 獲取新聞的使用者，有 82% 的年齡介於 18 到 29 歲，也就是圖 3.2 中最年輕的人口族群。不過，只要年滿 13 歲就能創辦 Snapchat 帳號。

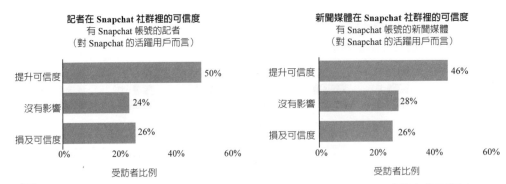

圖 3.3　快照！擁有 Snapchat 帳號，有助於提升記者在 Snapchat 用戶當中的可信度。

　　此外，Snapchat 也自行調查了有多少人使用該應用程式獲取新聞。如圖 3.3 所示，調查指出，超過半數的 Snapchat 用戶在該平臺上追蹤新聞媒體或記者，並認為擁有 Snapchat 帳號的新聞媒體或記者較具有可信度。也就是說，擁有 Snapchat 帳號就能替媒體的可靠性背書。如果 Snapchat 使用者能在該應用程式追蹤記者，他們會比較願意相信那位記者代表的媒體與發布的新聞（Stroud & Gomez, 2017）。

　　當我們在會議或工作坊中分享這個發現時，教育工作者每次都是一樣的反應：會議室中的成年人們哀嘆年輕人的資訊判讀能力，居然以是否擁有 Snapchat 帳號作為新聞媒體可信度的指標。但是我們退一步想想，這個現象真的有那麼讓人感到意外嗎？它只侷限於較年輕、經驗不足的資訊消費者嗎？我們並不這麼認為，因為此現象也曾發生在我們自己身上。

■ 從「名譽鱷魚」到「直呼名字的朋友」

　　幾年前，作者詹妮佛曾經在中學舉辦閱讀推廣活動，並用學校的吉祥物將活動命名為「鱷魚走讀」（Gators Read Everywhere）。活動內容包括蒐集谷歌地圖（Google Maps）上的地標，讓大家看到師生共讀地點的照片。她希望藉由這個活動不僅讓孩子們愛上閱讀，同時也能作為數學

科及社會科領域課程的輔助教學工具。但是她夢想的那張遍布全球的閱讀地圖，很快就破滅了，因為她大部分的學生來自中、低收入戶家庭，學生（和老師）大多缺乏到學校或社區以外的地點閱讀並拍照分享的資源。

於是，詹妮佛在推特上分享她遇到的困難，並向她的個人學習網絡尋求協助，希望有人能提供照片，以擴大閱讀地圖的版圖。其中一個最早回覆她的人是尼爾・蓋曼（Neil Gaiman）（譯按：知名作家），他上傳了一張自己在火車上、接近英國威爾斯卡地夫市的地點閱讀的照片。從此，開始有越來越多人上傳照片，上傳的人不只來自於她的個人學習網絡，也有些受到蓋曼啟發的人，他們一個個成為「名譽鱷魚」（Honorary Gator），開始與詹妮佛的學生有所聯繫（圖3.4）。

Library Girl @ jenniferlagarde
Looking for help w/this project. Any honorary gators out there?
http://bit.ly/cE4VGs #tlchat #edchat #engchat

Neil Gaiman Reads...
Last Updated by Jenifer LaGarde on Oct 21, 2010

HONORARY GATOR Neil Gaiman, Newbery and Carnegie Medal winner, author of *The Graveyard Book, Odd and the Frost Giants, Coraline*, (and many others), reads Italian Folktales by Italo Calvino...

· late at night.
· on a train.
· somewhere near Cardiff, Wales

圖3.4 當尼爾・蓋曼回覆你的推文，夢想就會成真。

這一切，與可信度和Snapchat有何關聯呢？在尼爾・蓋曼回覆詹妮佛的請託後，她覺得自己跟這位紐伯瑞兒童文學獎得主產生了連結。他們的交流雖然短暫且虛擬，但是直接，讓詹妮佛產生了幻覺，好像他們一直以來都是最好的朋友。幾週後，她會稱呼他為「尼爾——我們現在可以直呼對方名字了——蓋曼」。如同年輕新聞消費者對擁有Snapchat帳號的記者比較肯定一樣，社群網站上的共同連結影響了詹妮佛對於這場推特邂逅的想法。在這樣的情況下，我們沒有資格指責年輕新聞閱聽者評斷新聞記者的標準，因為在Snapchat上的連結也影響了他們。即使這些連結很微小，卻讓我們產生了幻覺，認為情感關係真實存在，而這絕對不是意外。

▌連結影響認知

　　爲了在社群網站得到最佳的使用經驗，使用者必須與其他用戶**建立連結**，所以我們投入於這些工具的程度是被動媒體無法相比的，例如電視與報章新聞。社群媒體的運作依靠我們與網絡中的他人分享並連結，產生連結後，我們更渴望了解正在網站與應用程式上發生的事，成爲其中一分子。這就是社群網站的創立者的用意：讓使用者覺得網站上的連結貼近個人。當他們成功達到目的，就能影響我們的行爲，不論是在螢幕前或離開螢幕之後。

　　因此，Snapchat 用戶表示他們比較相信擁有 Snapchat 帳號的記者，並非出乎意料之外。而且如果我們誠實反思自己從社群網站獲取多少新聞，我們也必須承認連結確實會造成影響。

　　當然，連結不只影響我們對新聞媒體與記者的看法，還延伸到生活的其他面向。大多數人的社交網絡都經過細心篩選，主要爲朋友、家人、信任或仰慕的工作聯絡人。當這些人分享新聞時，他們的影響力比連結以外的人更大，因爲我們本來就相信他們了，所以理所當然地認爲他們已經檢查過自己分享的訊息。不幸的是，他們不一定每次都會檢查，導致散播錯誤訊息。基於對分享者的信任，我們對那些內容按讚、分享，或是任何形式的互動，也在無形之中加劇了假新聞的傳播。這可能是一件無害的小事，像是關於某個明星英年早逝的假消息；也可能造成嚴重的後果，像是上百萬人分享芙烈達‧索菲亞受困於地震石堆中的假新聞（在本書序言中有討論過）。雖然分享錯誤訊息可能是無心之過，但是身爲教育工作者，我們必須假設有些追蹤者相信我們夠可靠，不用重複查驗我們發布的貼文。否則，在我們還沒意識到以前，社群媒體就會變成洗髮精廣告中所演的：一個人告訴另外兩個朋友，然後他們又各告訴兩個朋友，他們再告訴兩個朋友，到最後大家都無法分辨什麼是眞、什麼是假。

選項的吃到飽自助餐：幫助學生選擇？

我們身在一個劇變的世界，在這個時代無時無刻都有改變發生，而且速度快到讓人很難跟上。隨著對於學生的期待與教學的資源不斷改變，教育工作者在這樣的世界裡負有重任，必須繼續努力幫助學生為未來的世界做準備。在過去的時代，我們可以輕鬆地為學生列出一份清單，上面列舉所有可信任的資訊來源，但是那些日子已經結束了。現在我們獲取資訊的平臺不再提供衡量可信度的絕對標準，所以我們需要更深入了解年輕人**如何**取得新聞，才能幫助學生加強能力，分辨事實與杜撰。

我們的學生每天在取得新聞時，面臨大量且各式各樣的選擇。他們的父母與老師那一代依賴一些傳統資訊來源（報紙、電視、電臺），而這些來源的新聞都是經過專業記者編輯與驗證，所以閱聽者有憑有據地相信其可靠性。但是，如同巴布·狄倫所唱的：「時代，正在改變啊！」（The times, they are a-changin', 1964）今日，我們可以從任何地方獲取新聞，選項如同吃到飽自助餐一樣琳瑯滿目。部落格、社群媒體、即時訊息、簡訊、應用程式通知、YouTube、GIF、表情符號，以及由傳統媒體或公民記者架設的網站，彌補了傳統格式新聞的不足，甚至取而代之。我們的學生是如何得到這些資源呢？用他們的手機，而且不是只有他們會這麼做。根據奈特基金會（John S. and James L. Knight Foundation）2016 年的研究顯示：

自 2011 年起，擁有智慧型手機的美國成年人比例顯著地由 46% 上升至 82%，而在其他年齡族群幾乎達到飽和點。在過去短短兩年內，越來越多人閱聽數位新聞。事實上，美國數位人口中的 89%，現在都使用行動裝置取得新聞及資訊（Knight, 2016）。

　　儘管不足爲奇，年輕世代使用手機獲取新聞的事實非常重要，因此教育者必須考慮讓學生使用這些裝置的頻率，以創造研究機會。我們的意思並不是要教師在準備教學材料時應該把行動或平板電腦扔到一旁，而是創造更多機會鼓勵孩子們使用口袋中的裝置來學習。畢竟學生們在放學後，最常使用的工具就是他們的智慧型手機，並將其用來取得新聞，我們何不讓他們在學校時，至少偶爾使用同樣的工具呢？

■「一手資料」是什麼？

　　不久之後，奈特基金會又發布了另一份報告，標題爲「青年如何在新聞世界裡找到方向」，研究人員在其中深入探討年輕人在手機及社群網站獲取新聞的方式（Madden, Lenhart, & Fontaine, 2017）。他們發現的一些新趨勢，讓我們不禁停下腳步思考，爲了增進學生們的媒體識讀能力，我們的角色究竟爲何？舉例來說，年輕人對於「新聞」的概念逐漸改變，並且重新解釋了傳統術語「一手資料」（primary source），在他們眼中，數位時代的「一手資料」包括 YouTube 及其他類似網站上的使用者原創內容。在後面的章節，我們將更深入挖掘，藉由行動裝置取得新聞時，新聞看起來有什麼不同之處？但現在我們先考慮以下幾點：

- 你有多少研究作業准許學生引用 YouTube 影片、部落格或 Instagram 貼文作爲資料來源？
- 你在教導學生關於「一手資料」時，有使用任何數位文件嗎？
- 你的學生如何與這些來源的資料互動及撰寫內容？
- 與傳統新聞來源相比，網路資源如何幫助你的學生（和你）認識世界？

　　以上問題的答案不是重點，重要的是你要如何藉由學生的回應，改善自己的教學方式，培養他們的決策能力。正如同一句英文俗話所說：你現在過得還可以，不意味著你應該繼續自滿於現狀。

一名喬治亞州青少年曾經在 Snapchat 發布自己與謀殺案受害者的自拍，這張自拍後來成了謀殺審判的關鍵證據。這名青少年的故事是一則警世寓言，警告年輕人們發布於網路上的東西，都可能成爲定罪的證據；同時也爲教育者們上了一堂寶貴但駭人聽聞的課，如果刑事司法系統把社群媒體貼文納爲可靠證據，用來識別犯人並判決罪行，而不再僅限於犯罪現場中沾滿鮮血的日記，我們也應該重新思考社群媒體資訊是否可歸類爲第一手資料。我們要放寬對於資料來源的接受度，才能了解學生們相信什麼。我們也要同樣著重於訂定判斷來源可信度的新標準，如此一來，我們在學校教授的研究技巧才能轉移到學生身上，讓他們在沒有教師指引時，仍能進行高風險的資訊搜尋及消費。

▌新聞通知

奈特基金會也發現接受研究訪問的青少年不是主動尋找新聞，而是藉由在手機設定通知，或在社群媒體上追蹤新聞工作者以**發現**新聞（Madden, Lenhart, & Fontaine, 2017）。透過這種方式，新聞會自動找上他們，而不是他們自己去找新聞。很多教師都會告訴學生要去尋找可信的資訊來源，但是又有多少教師會教學生如何設定自己的演算法，以確保可信的資訊會找上他們？換句話說，你的媒體素養課程是否包括一套可靠且不偏頗的通知系統？我們不應該要求學生們遵守我們尋找新聞的方法，而是應該利用自己的媒體素養，試圖遵循**學生們**在校外生活中獲取資訊的方式。

爲「假新聞」正名

2016 年，《滾石雜誌》（*Rolling Stone*）記者蒂姆・迪金森（Tim Dickinson）發表一則推文，認爲大家過度濫用「假新聞」一詞。我們支持迪金森對於準確性的呼籲，如圖 3.5 所示。當我們用「假新聞」來描

述，其實過度簡化了那些精心編造訊息來影響大眾意見的策略，所以我們共同來剖析迪金森歸納出的類別：

Tim ⬛ Dickinson
@7im
Follow

"Fake news" is lazy language.
Be specific. Do you mean:
A) Propaganda
B) Disinformation
C) Conspiracy theory
D) Clickbait

RETWEETS 11,668　LIKES 17,452

10:05 PM - 4 Dec 2016

圖 3.5　跟隨美國記者蒂姆・迪金森（Tim Dickinson）的腳步：不要使用偷懶的統稱，應該辨識真正的問題。此為 2016 年美國總統選舉後不久，由推特帳號 @7im 所發布的推文。

- **政治宣傳**：「故意散播的想法、事實或指控，以利於政治目的，或是傷害競爭陣營。」（Merriam-Webster, 2018）聽到政治宣傳，我們通常會聯想到公部門或政府做的宣傳，用來推廣他們的目標。

- **不實資訊**：「故意且祕密散播的錯誤訊息（如同製造謠言），以影響大眾意見或掩蓋事實。」（Merriam-Webster, 2018）雖然與政治宣傳聽起來有點像，但是不實訊息通常都是用來傷害對手的名譽，而不是推廣自己的目的。

- **陰謀論**：「一種理論，將事件發生與後果歸罪於握有權力的陰謀家。」（Merriam-Webster, 2018）陰謀論經常隨著不實資訊攻擊一同散播，用來傷害對手的可信度。

- **釣魚式標題**：「某種經過設計的東西（例如標題），吸引讀者點開連結，並把他們導向隱含可疑價值觀或利益的網站。」（Merriam-Webster, 2018）這些聳動的標題通常包含完全不相關的訊息，或是未被文章內容證明的資訊。但是，戲劇性的標題很容易引誘人們點擊，或是讓人們分享文章，達到創作者與廣告商的目的，繼續向外散播引起轟動的標題。

我們還想要再加上更多選項：

- **諷刺**（Satire）：「用幽默的方式表現出某人或某事很愚蠢、無說服力、糟糕……等。幽默地表現出一個人、政府、社會……等的弱點以及不良特點。」（Merriam-Webster, 2018）。發布諷刺資訊的網站，如《洋蔥報》（*The Onion*, theonion.com）和《紐約客雜誌》（*The New Yorker*）的〈包洛維茲報告〉（The Borowitz Report），故意發布錯誤、荒唐的新聞故事來製造搞笑效果。2017年，《華爾街日報》（*The Washington Post*）指出有中國媒體引用其中一篇刻意虛構的新聞（聲稱川普總統下令白宮所有的電話都要包上一層錫箔），並將其報導為一則真實的新聞。不幸的是，這樣的事情已經發生過不只一次。

- **挑戰偏見**（Bias Challenging）：任何不符合我們自己偏見的資訊。越來越多人（不論是否為公眾人物）都開始用「假新聞」一詞來描述與個人想法衝突的資訊。他們帶有瑕疵的原則是如此運作的：「如果它不能佐證我本來就相信的事物，它一定是假的。」

當我們在思考要如何教導學生辨識可疑新聞報導時，以上這些分類就顯得特別重要了。事實上，各種可疑的報導無時無刻都在快速增長，畢竟這個產業存在的目的就是影響或迷惑資訊消費者（Dickinson, 2016）。

為了曝光東歐持續成長的新興產業，NBC 新聞訪問了一個自稱狄米崔（Dimitri）的匿名網路內容創作者，他宣稱自己住在馬其頓共和國的韋萊斯區（Vales, Macedonia）。如同當地許多年輕人一樣，他透過製造假新聞獲得如國王一般的薪水。他製造的類別包含不實資訊與釣魚式標題，並且在 2016 年總統大選前針對美國人精準投放訊息。NBC 新聞在2016 年 12 月指出，狄米崔和他的同事創作的文章都是「聳動且無根據，可是一旦發布於臉書上，就會吸引大量的讀者，創作者就是靠著每一次點

閱賺進一分錢。」狄米崔表示他在六個月內賺進了 6 萬元美金,而當地的年平均工資是 4,800 美金,因此這名青少年在小鎮裡成爲了最富有的人。報導接著描述狄米崔與其他假新聞企業家對小鎮的經濟造成的改變,他們湧入的收入拯救了當地的商業,還促進了別墅新商機,以迎合像狄米崔一樣的年輕富裕階層。在訪問結束前幾分鐘,他說如果假新聞影響了美國大選的結果,那不是他的錯。他把錯推給「愚蠢的」美國人,並說世界上其他地方的人民更認眞看待民主政治,而且絕對不會「被這樣的惡作劇新聞欺騙」(Smith and Banic, 2016)。

　　不論你是否認同狄米崔的職業選擇,他的故事是一個非常棒的教學工具,而且他至少說對了一件事:新聞消費者有責任確保自己是根據事實產生對應的意見和行動。在討論學生爲什麼需要媒體素養時,我們經常把重點放在如果他們引用錯誤資料會導致成績低落。這樣想的話,成績的威脅的確可能是學生的動力,但是當他們完成作業之後,所有的動力都蒸發般地消失了。我們的學生有能力,而且他們也值得更有深度、意義的討論,並應該包括我們作爲新聞消費者面臨的現實。看到新資訊時,比起費盡心思符合老師的期待,隨時保有適量懷疑才是正確的態度。如此一來,我們才能看清狄米崔一行人設下的精妙陷阱。偉大的美國哲學家歐比王‧肯諾比(Obi-Wan Kenobi)曾說過:「傻瓜和跟隨傻瓜的人,誰比較傻?」(1977)我們的學生不會想要成爲任何一種傻瓜。

　　NBC 新聞與其他相似報導中指出,狄米崔和其他內容創作者在撰寫文章時都採用了相似的策略,讓更多資訊消費者信以爲眞,然後獲得更多點閱和分享,也就是 Google AdSense[1] 賺取收入的方式。他們的寫作策略符合蒂姆‧迪金森對於懶惰用詞「假新聞」的分類,而且他們依賴人

1　譯註:Google AdSense 是由 Google 公司設置的廣告機制,加入這個廣告機制的會員可以利用 YouTube 流量和 Blogspot 功能置入廣告服務,並得以分潤一部分的廣告費用。

們的**確認偏誤**，因為人們傾向於用新證據來支持自己既有的想法或理論
（Casad, 2016）。

根據 CNN，馬其頓共和國的假新聞產業「為了 2020 年美國大選做
足準備，所以謊言的洪水並非一時之間可以解決的事情。」（Soares,
2017）有一個工具可以幫助學生們在假新聞洪水中找到方向，如圖 3.6 所
示的資訊圖表，由歐洲閱聽人利益協會（European Association for Viewers
Interests，簡稱 EAVI）所製作，這個非營利團體的重點目標是「在今
日越來越具挑戰的媒體環境中，鼓勵每一個人成為活躍參與的公民。」
（Steinberg, 2017）

圖 3.6　當假新聞創作者為未來選舉做準備時，像這樣的資源（以及本書第 6 章分
享的資源）可以幫助學生快速辨識可疑資訊的來源。

　　圖中提供的準則可以幫助學生（和老師）剖析新聞報導，並判斷它們是否具有可信度，而不是單純地將資訊二分為真或假。

假新聞疲勞

　　我們越來越常使用行動裝置看新聞，其中一個後果是我們會受到雙重夾擊，一方面是新聞本身，另一方面是眾人大聲辯論一則新聞報導是否為真。奈特基金會的研究中訪問了一名青少女並請她分享生活習慣，她說自己每天起床後會打開手機查看新的新聞通知，但是這個習慣卻讓她產生焦慮感（Madden, Lenhart, & Fontaine, 2017）。我們也感同身受，相信你一定也是！此外，我們無時無刻都被大量資訊轟炸，產生了一種「假新聞疲勞」（fake news fatigue）。這讓我們很想要舉起雙手投降，然後認定現實就是如此：一切都是假的，沒有東西是真的，所以我們何苦為難自己呢？《紐約時報》（*The New York Times*）在文章〈假新聞傳播越廣，人們越不在乎事實〉（As Fake News Spreads, More Readers Shrug at Truth）描述了這種情緒：「假新聞和被當作新聞的直覺性意見造成了很多混淆，在何謂事實的條件中鑽漏洞，讓讀者好像身處於驚嚇屋一般，開始懷疑自己看到的所有東西，包括真實新聞。」（Tavernise, 2016）當然，我們的學生也有這種疲勞感，這也許解釋了為什麼孩子們對於資料來源可信度不感興趣，甚至冷漠。我們認為唯一能避免這種疲勞感的方法是用學習者能接受的方式，向他們剖析現在到底發生了什麼事，而資訊圖表如表 3.6 也能帶來幫助。當我們更明確的表達如何認定一則新聞為偏誤或虛假，學生就會有更好的假新聞辨識工具，並避免過度使用一個讓我們模糊重點的名詞。

對學校的意涵

　　顯而易見地，我們先前在本章討論的所有議題，跟學校的關係都比

較遙遠。作為本書研究的一部分，我們在社群媒體上向個人學習網絡分享了一份網路問卷，詢問他們是如何跟學生談論假新聞的議題。雖然 87% 的問卷回覆表示他們有教一些媒體素養，但是其中只有 7% 說他們任教的學校或地區有指定教學目標，幫助學生在假新聞的世界中找到方向。其中更少的人（6%）說他們任教的地區有投入經費，或編列一套媒體素養課程並提供給教育者，而其他 93.5% 的人說他們是自己規劃相關課程（LaGarde & Hudgins, 2018）。（他們為了幫助學習者建立資訊消費者能力所使用的教學資源，大部分都會在後面章節提到。）問卷回覆中反應了教育者的心聲，而我們在他們任教地區舉辦工作坊時也聽到了相似的想法：

- 我們的學生（還有很多教師）前所未有地需要有品質的媒體素養教學指標。
- 執行此類教學時可能遇到一些障礙，並影響教學效果，例如地區／學校缺乏網路資訊過濾規定，或是學生缺少行動裝置。

▌另一種過濾泡泡

　　根據《兒童網路保護法》（Children's Internet Protection Act，簡稱 CIPA），所有教學區域必須封鎖不合適的網站。而且我們一致認同學生不會需要 CIPA 規定中封鎖網站的內容（色情、暴力等）。在我們的經驗中，很多地區都藉由網站過濾，達到管理教室與節省頻寬的效果。不幸的是，區域科技部門安裝的軟體經常封鎖具有正當教育功能的網站，例如：臉書、推特、YouTube、Instagram，以及 Snapchat。就算學生攜帶自己的裝置到學校，並試圖連上訪客用 Wi-Fi，他們還是無法前往這些網站。除此之外，教師需要鑽很多漏洞才能解除這些網站的封鎖，而且不能確保每次都能成功。美國圖書館協會在「禁止網站週」（Banned Website Week）的宣言中，提到了過度執行網站內容過濾會與重要教學目標產生衝突：

> 過濾網站內容會對下一代的數位公民造成傷害。學生必須培養評估資訊的能力，不論何種類型、何種形式的來源，包括**網際網路**。單純依靠過濾資訊，不會教導年輕公民成為機智的資料搜尋者，也不會幫助他們學習評估資料正確性。（2011）

即使我們一致認同有些網路內容應該被過濾，以確保學生的安全，但是在決定要封鎖哪些網站時，首要的考量應該是封鎖後是否能提升學習經驗，尤其是對媒體素養與資訊判讀是否有所助益。如前面所述，我們的學生獲取新聞的方式已經不同以往。因此，在實施地區性的規定之前，應該考量學習者作為新聞消費者的習慣，而不是只在乎怎麼做會讓大人們的工作比較輕鬆。

▌平等、取得與公民權

當然，我們正在談論學生連接至各種網站的權利，如何使用網路作為數位資源，並用來培養學生作為創作者和閱聽人的能力，但是這不僅僅是網路過濾的問題。加州大學爾灣分校教授馬克·瓦施爾（Mark Warschaur）的研究發現了一些令人擔憂的事實，他指出不同地區的科技資源分布不均，與學生的種族與家庭收入有關，「整體而言，非裔、拉丁裔或來自低收入戶的學生，較有可能使用電腦進行反覆演練，而白人或高收入戶學生，較有可能利用電腦進行模擬或活用學習。」（Zielezinski, 2016）這個現象令人擔憂的原因有很多，但是只要想到那些邊緣化的學生缺少現代公民必備的工具及資源（還有，利用它們創造有意義的機會），就讓我們感到非常痛心。換言之，臉書、YouTube 及 Snapchat 等，不只是社群媒體、搜尋引擎或新聞資源，它們是參與民主社會的工具。學生可以用它們了解世界上正在發生的一切事物，也可以用它們與選舉候選人溝通交流。

佛羅里達州帕克蘭市，瑪喬里‧斯通曼‧道格拉斯中學的學生試圖喚起公眾意識，呼籲大眾關注校園暴力與槍枝管制問題，他們沒有寫信給參議員，也沒有發動給國會議員的電話連環叩，而是利用社群媒體發起大型網路運動，而社群媒體在此之前已對競選宣傳活動有所影響，也影響了廣告商在推廣活動中改用知名網紅（Newcomb, 2018）。不論我們是否認同這些青少年的理念，我們很難不對他們有效利用工具的能力感到驚艷，即使這些工具被學校封鎖，他們仍然用其對學校裡的每一個人造成了深遠的影響。在這個例子中，可以清楚看出在此情況下，有些學生有幸能用工具建構能力，但是其他學生就沒有這麼幸運。當我們剝奪了貧窮或少數族裔學生使用民主工具的權利，我們同時也剝奪了他們未來參政的能力。

這是誰的責任？

我們與教育家一同工作時，經常被問一個問題，關於誰有責任和學生們討論假新聞，並且教導其重要性。答案簡單明瞭，當然就是每一個人！我們主張教學全面性的媒體素養，告訴學生們問題的前因後果，讓他們了解資料來源可信度的標準、鑑別偏見等等，如此一來，他們能夠應用所學於生活中，而不是只會在某堂課中用到的東西。

我們在第 2 章中提過，教育政策中心（Center on Education Policy）評估了《有教無類法案》（No Child Left Behind, NCLB）計畫對課程規劃的影響，所有年級學生的歷史與公民課程時間與 10 年前相比大幅下降。歷史與社會課的重要性在於，學生們通常都是在這些課堂中探索當代社會事件、新聞媒體的角色，以及歷史上的政治宣傳。現在學生每天面臨大量的資訊，比過去所有世代的學習者多上更多，但是能幫助他們在複雜世界找到方向的課程卻少之又少。

根據國家教育統計中心（National Center for Education Statistics），

自 2000 至 2016 年學校縮減了超過 1 萬名全職圖書館員的職位，等同於減少了全國約 19% 的學校圖書館勞動人口（Lance, 2018）。儘管跨州長期研究提供大量的證據指出，當圖書館聘用有學位的圖書館員時，學生與青少年獲益良多（Lance, 2014），圖書館員的職缺還是不斷減少。每少一個圖書館員，就少了一個受過專業訓練的人可以輔助學生提升媒體素養與資料來源判別。由於圖書館員教導所有的學生，並與所有教師一起工作，而且了解所有年級的課程內容，所以他們是課堂老師的最佳夥伴，一起幫助學生們在新聞資訊的世界裡成為專業的領航員。

少了這些關鍵職位和教學分配時間，難以教導學生迫切需要的媒體素養，學生將因此陷入不利的處境。而且，你會在接下來的章節看到學校圖書館員的重要性，因為他們站在最前線為學生打擊假新聞。再者，減少圖書館員職位和媒體素養相關教學的分配時間，並無助於解決學生成績低落問題（Straus, 2015）。所以，現在學校教育應該重學習、輕考試，並且重新投資圖書館員與相關課程內容，因為這些才是在為學生的未來做準備，遠遠比期末考的選擇題測驗更加重要。

大挑戰需要好解方

在歷史的洪流裡，現代應該是最刺激的時期了。此時作為一名教育工作者，尤其令人感到興奮，因為現代是最具挑戰性及重要性的時刻，我們有責任幫助學生在資訊世界中找到方向。如同你在本章所讀到的，綜合我們近用新聞的方式、有人以新聞之名牟利的現實，以及最關鍵職位與教學機會的縮減，全部加起來就像一場完美風暴。雖然保持樂觀態度，我們的確也感受到這些議題的急迫性。只要有決心，我們絕對有能力讓方舟成功駛出這場風暴帶來的驚濤駭浪：我們應該把資源優先配置在對的地方，無論如何都要編出預算來實踐我們的理念。在下一章裡，你會看到不這麼做將導致險峻的後果。

習作

1. 想想你最近發布的那張照片。你有用修圖軟體消除皺紋嗎？你有用濾鏡來展現氛圍嗎？我們每個人都在創造並修改第一手數位資料。我們應該如何改變現有的研究計畫，以鍛鍊學生識別網路內容是否經過修改，以及修改的動機為何？

2. 評分一下：你對學生經常用來獲取新聞及資訊的工具有多熟悉？你的答案是否指出你的個人專業學習有任何不足？

   一點也不熟悉  非常熟悉

3. 用推特聯繫我們！你任教的學校或地區，如何確保所有學生有平等的機會可以使用科技，讓他們有相同的機會成為資訊閱聽人或創作者？

與我們分享你的想法和思考：@jenniferlagarde 和 @dhudgins #factvsfiction

第
4
章

當大腦遇上假新聞

到你成年的時候，你的大腦對世界的運作方式已經有了既定看法：桌子的樣貌和觸感、液體的型態、權威人士的行為、老鼠的恐怖之處。從形成定見的那一刻起，大腦遇到任何與自己看法不同的新資訊時，都會很殘酷的排斥它，而且非常不願意改變自己的想法。即使面對事實，大腦也不願意重整想法，因為那樣太過麻煩，而寧可繼續欺騙你。它扭曲你的認知，它遺忘，它投射，它撒謊。

——威爾・史托（Will Storr），《那些無法被說服的人：與科學之敵一起冒險》（*The Unpersuadables: Adventures with the Enemies of Science*）

2017 年 12 月，一名來自美國北卡羅萊納州的男子，走進一間位於華盛頓哥倫比亞特區的披薩店，聲稱他要「自行調查」關於「披薩門」（Pizzagate）的網路陰謀論，查證披薩店是否藏匿了與希拉蕊・柯林頓（Hillary Clinton）相關的兒童性販賣集團。這個陰謀論早已由當地警察

單位與聯邦調查局（FBI）調查過，確認是一則錯假資訊。但是，這名男子仍然對自己在網路上讀過的資訊堅信不移。他帶著一把 AR-15 突擊步槍、一把點三八英寸手槍和一支折疊刀衝進客滿的披薩店，一邊開槍，一邊搜索據稱藏有受害兒童的地下室。他沒有找到任何受困的兒童，也沒有找到地下室，因為那家披薩店根本就沒有地下室。所幸，警察迅速到達現場，在還沒有人受傷之前將這名男子拘捕。之後，他被判了 4 年有期徒刑（Robb, 2017）。

2016 年 1 月，一名佛羅里達州的女子開始在諾亞・波茲納（Noah Pozner）父親的語音信箱留下恐嚇訊息。諾亞・波茲納是一個 6 歲男孩，2012 年 12 月亞當・蘭薩（Adam Lanza）於康乃狄克州紐敦市的桑迪・胡克小學犯下槍擊案，槍殺了 20 名兒童和 6 名成人，諾亞是其中一個受害者。這名女子不斷向波茲納傳送威脅性命的恐嚇訊息，因為她認為那場槍擊案是自由派為了立法管制槍枝編造的騙局。《華盛頓郵報》的報導指出，當這名恐嚇者被判 4 年有期徒刑時，「認為桑迪・胡克小學是一場騙局的人，在網路上散播更多關於這場大型槍擊案的陰謀論，訊息遍布於網路聊天室、部落格與模糊的 YouTube 影片，但是完全沒有可靠證據能支持他們的指控。」（Hawkins, 2017）在「後真相」資訊生態系統裡，像這樣的錯誤指控多到數不清，但視之為真相並為其辯護的卻大有人在。

2017 年 11 月，美國有線電視新聞網（CNN）發布了一則新聞，揭露利比亞的人口販賣集團。一名臥底記者捕捉到奴隸拍賣會的現場畫面；影片中，聚集在的黎波里（利比亞首都）的人口販子，以最低 400 美金的價格買下失去自由的奴隸。這則新聞引起全球憤怒，而在利比亞政府承諾啟動調查之後，CNN 將影片與其他證據交付利比亞政府。但是，幾週後，利比亞政府卻質疑 CNN 提供的證據，並且引用美國總統川普的推文，指控 CNN 散播「假新聞」。一家利比亞電視臺附和該國政府對 CNN 的懷疑：「該頻道發布利比亞奴隸報導，可能是為了某種尚未言明的政治目

的。」接著，利比亞政府以川普總統的推文爲藉口，逕行宣布在對人口販賣事件進行內部調查之前，將先對 CNN 展開調查（Wintour, 2017）。直到今天，CNN 當初報導中所包含的資訊，沒有任何一點被證明爲不實。

假的事實，真的影響

以上所述的事件，等於是清晰又令人驚恐的提醒：假新聞的傳播，以及將主流媒體貼上「假新聞」的標籤，會對我們人類造成眞實的影響。雖然導致暴力與死亡恐嚇的機率不高，但是越來越多美國人說自己在網路上受到騷擾。2017 年，皮尤研究中心的《網路騷擾報告》（*Online Harassment Report*）指出，每 10 位美國成年人中就有 4 位曾在網路受騷擾或傷害，而 18% 的人曾遭受激烈攻擊，例如生理恐嚇與性騷擾（Duggan, 2017）。假新聞的影響不假，而是眞實地影響著我們與學生的日常生活。

▌吵翻天的歧見

2016 年 12 月，《學校圖書館學刊》（*School Library Journal*）刊登了一篇標題爲〈圖書館發生的仇恨事件催生爲眾人服務的新承諾〉的文章，文中提到自 2016 年美國總統大選後，「針對有色人種、移民、LGBTQ 學生的騷擾與仇恨言論增加」（Cottrell, 2016）。文章提及全國各地圖書館員所說的事件，例如圖書館藏書封面被畫上「卍字」[1]（swastika），或是公共空間出現種族歧視的塗鴉。這些事件令人感到憂心，有部分有色人種或非主流宗教學生擔心自己成爲下一個目標，而且表示對自己的同學感到害怕。圖書館作爲指標性的開放交流空間，瞬間成爲一場文化戰爭（culture war）的最前線，因爲在這場戰爭中，資訊的可靠

---

[1] 卍字標誌（swastika）：納粹黨的標誌。

性正是關鍵。

就在此事發生的一個月前，南方貧困法律中心（Southern Poverty Law Center，簡稱 SPLC）對超過一萬名教師、輔導師、管理人員和其他教育工作者做了一項調查，目的是評估 2016 年的總統選舉對學校與學生造成的影響。根據 SPLC 的調查，「90% 的教育工作者指出，學校裡的氣氛大幅改變，而大部分的人認為這會造成長期影響。80% 的受訪者表示焦慮感大增，擔心選舉對學生及其家庭的衝擊。」（Lindberg, 2016）不論你對這場選舉結果的立場為何，看到調查中提到從破壞公物到身體攻擊的種種事件，想必都難以理解背後的動機。但是調查顯示學生們在選舉前，在家中或媒體經常聽到某些詞語反覆出現，這些詞語包含種族、宗教歧視；而當他們越常聽到成年人使用這些詞語，似乎會讓他們越敢在學校講出類似的詞語。

█ 雙牆記

妮基・羅伯遜（Nikki D. Robertson）2016 年在美國阿拉巴馬州亨茨維爾市附近一所高中擔任學校圖書館員。在學生人數眾多的大學校，圖書館扮演多重角色，也是舉辦每日英文學習課程（English language learner，簡稱 ELL）的地點。妮基希望讓學生們有一個發聲的空間，分享正面訊息、詩句、美術作品，於是將一片大窗戶改造成「學生發聲牆」（Student Voice Wall）。然而，就在美國總統選舉後，妮基看到這面牆被塗上了「蓋那道牆！」[2] 的字樣，也就是 ELL 學生（大部分為墨西哥裔及拉丁裔）上課時會看到的那面玻璃窗（參見圖 4.1）。妮基感到非常震驚，立刻開始尋找是誰在搞破壞，刻意用選舉期間針對移民族群的爭議性用語，在公共空間塗鴉（或許是無心的），騷擾了這些學生。

---

2 譯註：「蓋那道牆！」（Build that wall!）是美國總統川普在競選時喊出的政見之一。他主張在美墨邊界建立圍欄，阻擋非法移民進入美國。

找到那名塗鴉的學生後，妮基把他帶到一旁並問他：在電視、廣播上聽到這樣的用語，又在學校看到他的塗鴉的 ELL 學生會作何感想？然後，她也提醒這名學生，當初她在設立這面發聲牆時，爲了避免爭議，早已規定禁止張貼任何政治言論。那名學生爲自己的行爲感到懊悔，於是自行把塗鴉擦掉並道歉。但是，隔天又有人在牆上寫了同樣的文字。

圖 4.1　高中學生發聲牆上被塗上撕裂族群的文字。

不久之後，很多 ELL 學生告訴妮基，對自己的同學感到恐懼，也害怕自己的家人會被強制遣返。「我記得，那些孩子一邊哭、一邊握著我的手。他們都很崩潰。」妮基在接受本書訪問時說道。如同許多參與 SPLC 調查的教育工作者，妮基回應表示自己沒有感受到學校管理階層的支持，因爲學校只在乎學業表現，不想捲入政治爭議。最後，妮基只好移除發聲牆。雖然圖書館的出發點是爲了鼓勵學生發聲，但是卻在部分學生的心中造成一抹陰影。學生們因此分爲兩個群體，中間產生了一道無法跨越的裂縫，妮基自己甚至也開始懷疑投身於教育工作的初衷（Robertson, personal communication, June 11, 2018）。

當我們很認眞仔細的思考這些情況時，可以明顯地看到眞相在回瞪我們：假新聞影響我們的同理心，讓我們無法接受與自己意見相左的看法。缺乏站在他人立場換位思考的能力，正是假新聞可能造成的一種重大負面影響，也是媒體素養教育致力矯正的目標之一。

假新聞策略、偏見、同理心

如同我們先前討論過的，假新聞製造者使用各式各樣的策略來散播假新聞：

- 他們依靠點擊誘餌式標題（clickbait titles）激起我們的興趣，其中通常包含常見或知名的人名或地名。
- 他們用簡化、重複的故事版本，不斷對著我們狂轟爛炸。
- 他們至少會加入一部分事實，以讓人難以分辨哪些是真的、哪些是假的。
- 他們模仿其他文章、影片或媒體，讓人幾乎無法辨識出假新聞和一般正常新聞的差別。
- 他們會引用（有時候是完全虛構的或是斷章取義）「目擊者」的說法，為的是增加可信度。
- 他們依靠恐懼和宣傳來點燃人們既存的焦慮感。
- 他們知道我們傾向於相信與自己偏見相符的資訊，會用動之以情的手段來瓦解讀者的心防。

這些策略非常重要，因為他們看準了人類大腦的弱點。最近《自然與人類行為》（*Nature and Human Behaviour*）一篇論文的作者指出：「人們每天都在使用的推特、臉書等社群媒體，充滿大量可供轉傳的資訊，競逐獲取使用者的注意力。所以，學習如何分辨線上資訊網絡的好資訊或壞資訊，比過去任何時候都來得更重要。」即使我們知道識別假新聞的重要性提升，大腦卻因為被大量資訊轟炸而能力減弱，因此在面臨資訊過量時，我們常常會相信只要夠熱門就可以信任（Qiu, Oliveira, Shirazi, Flammini, & Menczer, 2017）。資訊排山倒海的撲過來，大腦卻無法快速反應，兩個因素加起來變成致命攻擊。反覆播送的負面訊息，讓我們的恐懼和偏見逐漸生根，同理心也被恐懼和妒恨取而代之。

面臨這種現象，教育工作者首當其衝。托姆・馬卡姆（Thom Markham）是一位教育家、校園顧問及專題學習法（project-based learning，簡稱 PBL）專家，他在 2016 年為《轉變思維》（*Mindshift*）[3] 寫了一篇文章，其中提到：「21 世紀最重要的團隊合作和溝通技巧，就是同理心。」他解釋說，同理心就是比較個人和他人經驗或想法的能力，藉由比較才能理解彼此的感受，並刺激想像力，幫助我們解決一些可能挑戰既有觀念的問題，進而讓我們能和擁有不同經驗的人合作。馬卡姆說：「當學生具有同理心，他們就有了深度學習的潛力，思考變得更清晰，也變得更積極參與世界上發生的事。這也就是說，想要有傑出表現的人們，一定要有同理心作為精神上的滋養。」（Markham, 2016）

由於假新聞的現象，我們開始擔心學生是否具備辨別資訊可靠性的能力，我們也應該認知到假新聞正在侵蝕最根本的人性。看看以下兩件事實：第一，在 2016 年，超過百萬人在臉書上觀看、按讚、分享一篇完全虛構的新聞，關於美國總統川普在感恩節處決了前總統歐巴馬特赦的五隻火雞（Silverman, 2017）。第二，在同一年，多位明尼蘇達州的小學教師舉報，有幾名白種男學生偷襲拉丁裔女同學的生殖器，而且那些男孩被逮後覺得自己沒有做錯任何事，因為他們覺得這種行為在川普勝選後已經合法了（Lindberg, 2016）。以上兩個事件，乍看之下毫無關聯，但是它們其實緊密相扣。即使我們客觀上知道一則新聞是虛構、帶有偏見的，或是像那則火雞新聞一樣愚蠢，在資訊被反覆播送的情況下，我們對他人的同理心難免逐漸被腐蝕殆盡。學生跟我們一樣在電視、廣播電臺上不斷聽到這些新聞，他們也在社群媒體看到一樣的新聞標題。聳動且帶有偏見的新聞在重複播放下植入學生和我們自己的腦中，甚至改變了何謂合適行為的認定標準；同時，那些對偏見深信不疑的人們，也因此變得更敢於公開、

----

[3] 譯註：《轉變思維》是美國全國公共廣播電臺 NPR 經營的專門探討教育議題的部落格。

激烈地表現個人意見。

南方貧困法律中心的調查研究發現，有一些教育工作者表示，成人與新聞媒體在 2016 年美國總統選舉中使用的詞語，對學生們確實造成了影響，雖然學生不一定會在校園中做出敵意行為。這些教育工作者為數不多，可是他們的看法同樣重要。這份調查研究報告的作者，對大多數受訪者任教的學校予以肯定，因為這些學校做到「努力建立多元包容的社區，並且提供因應相關問題的課程，培養學生的同理心。」（Lindberg, 2016）由此可證，要擊退假新聞在校園中的負面影響，我們不只該評估網路資訊來源，還要隨時握有同理心這把尺。有了同理心，我們才能衡量學生是否已經準備好迎接挑戰，分辨什麼是真的、什麼是假的、什麼是刻意欺騙人的，以及什麼會與我們原本深信的想法互相衝突。如此一來，我們在教導學生媒體素養的同時，也能強化學生的同理心。

強化你的核心原則

我們無法提供你一套保證有效的課程計畫，也沒辦法保證能同時破除學生的偏見並訓練資訊能力，但以下五大核心原則可供教師參考應用於相關課程：

1. 對自己的偏見有所自覺。
2. 善用科技建立同理心。
3. 教學生如何用語言挑戰他人的想法，而不是用來傷人。
4. 在進行數位或實體互動時，教師應以身作則，提供學生正向的行為示範。
5. 給學生反思的機會。

接下來，我們一起深入探討這五大原則。

▋對自己的偏見有所自覺

生而為人，我們大家都想站在正確的一方，也希望自己做對的事。更重要的是，我們會在世界上尋找支持這些想法的訊息，同時忽略那些與自己想法相左的資訊。如果我們想要讓學生們（或是他們身邊的大人）認清自己也具有這樣的傾向，我們就必須先對自己的偏見有所自覺。因此，我們應該向學生分享一些親身經驗，例如自己曾經如何被偏見誤導，如何落入虛假訊息的圈套之中……等等。無須以曾被假新聞欺騙為恥，真正的恥辱是一再被欺騙且沒有記取教訓。

▋善用科技建立同理心

每當提到媒體素養，我們經常以為科技只是搜尋、統整、分享資訊的工具，但是這些設備還有更多使用方式，甚至能幫助學生建立同理心。可以參考以下方法：

- 提供孩子們交換真實意見的機會，與同儕或者甚至是校外的專家進行深度討論。不論你是使用 Google Classroom（classroom.google.com/h）、Seesaw 數位作品集（web.seesaw.me）、課堂部落格或社群媒體，孩子們需要練習給予他人正面且有建設性的反饋，並體驗得到他人意見時有什麼感受。有了這些經驗後，他們未來在網路蒐集資訊時，就不會輕易被龍蛇混雜的留言區牽著鼻子走。

- 利用科技讓孩子們與世界各地的學習者及領導者產生聯繫。不論你是使用 Skype（skype.com）、YouTube Live（youtube.com/live）或其他的線上串流工具，只要提供學生更多機會與真實人物連結，他們就更容易體會到即使每個人都不一樣，但身為人類的我們還是有許多共通點。這個基本道理，是一帖強力的解毒劑，可

以讓學生對假新聞中的刻板印象產生免疫力。

● 善用擴增實境（augmented reality，簡稱 AR）和虛擬實境（virtual reality，簡稱 VR），讓學生體驗從別人角度看世界。要具備真正的同理心，需要具備比較個人和他人經驗的能力，然後從中發現兩者的價值。最重要的是，即使不同意他人立場，仍能做到予以尊重和鼓勵。你可以使用 Google Expeditions（edu.google.com/expeditions）和 DiscoveryVR（discoveryvr.com）等工具，幫助學生探索新聞中提到的地區或國家，並體驗某特定人口或族群的生活型態。使用這些工具時，宜搭配深度討論，讓學生比較透過 AR 或 VR 看見的族群或地點與相關新聞中的描述：兩者是否相符？其中漏掉了哪些細節而沒有忠實呈現全貌？和自己原先的認知又有何不同？

教學生如何用語言挑戰他人的想法，而不是用來傷人

接觸特別是與時事相關的網路資訊時，有些學生可能會因為其中的某些語言或行為產生焦慮感，而且這種情況最近越來越常發生。因此，在課堂中訂下標準非常重要，讓學生知道行為分寸。我們建議在訂定規則時，越明確越好，而且學生也必須參與訂定過程。雖然鼓勵孩子們「善待他人」是可行的作法，但同時也應該向他們示範什麼樣的行為才是真正的友善。另一件非常重要的事是教導學生培養對事不對人的態度，讓他們了解在不同意別人想法時，應該如何以具有建設性的方式表達看法。表 4.1 中提供了一些例子。

不論你如何向學生傳達這些訊息，在對話過程中絕對不能有辱罵或具有攻擊性的行為。在我們教學生如何使用特定語言進行健康友善的討論後，他們將有能力識別新聞中的人身攻擊，並且更加重視關於議題、政策或事件的客觀事實。

表 4.1　如何在尊重的基礎上挑戰他人想法

當你想說……	改成這樣說……
你錯了。	我有看過與你想法相反的證據，讓我跟你分享……
我不相信你。	你可以舉出一些研究支持你的想法嗎？我想更深入了解。
相信這個的人都是＿＿＿＿。	雖然我們對這個議題的想法不同，但是我們還是能當朋友。
如果你相信＿＿＿＿，你就不是真正的＿＿＿＿。	我尊重你不支持我的立場。

教師以身作則

　　我們經常提醒學生，不論他們覺得自己的社群媒體帳號有多麼安全，在網路上發表的言論都應該被當成是永久且公開的狀態。我們自己也必須謹記這一點，即使學生沒有追蹤你的 IG，沒有訂閱你的 YouTube 頻道，也沒有仔細看你在推特上發布的 240 字貼文，但學生家長或是認識學生家長的其他成年人很可能正在關注你。如果我們期望學生（和同事）在分享資訊時確實做到先查證，在網路上與人互動時展現同理心，我們自己就應該先以身作則。

給學生反思的機會

　　這一點非常重要，怎麼強調都不夠。俗話說：「我們不會從經驗學習，我們從反省經驗的過程中學習。」我們在學校經常誤把處罰當成反省，要求犯錯受罰的學生「從自己的行為中學習教訓」，但是其實每一位學生都需要反思自己在課堂內或外的經驗，才能真正吸收所學。當你讓學生練習辨識可疑新聞與根據事實撰寫的新聞，並在過程中培養他們的同理心之後，記得一定要留給他們時間和空間反思自己學到的東西。不論是教

學回饋單、學習日誌，或是任何的反思方式，務必將這個重要步驟融入你的媒體素養課程當中。

網路酸民依舊在

說實話，就算我們做了這麼多，就算我們出於善意，就算我們計畫、準備、練習，「酸民」（trolls，另譯「網路小白」）依然存在。我們還是難免會遇到一些完全找不到共通點的人，還有即使已被事實證明為誤仍然固執己見的人。在《那些無法被說服的人：與科學之敵一起冒險》一書中，作者威爾・史托（Will Storr）描述了不顧證據而固執己見的情況：「我們都做過這種事吧？不是因為更正確的資訊，而是因為憤怒而堅持著特定的立場。」（Storr, 2015）

沒錯，我們都曾經這麼做。

在承認這一點以後，我們可以幫助學生（和自己）應對那些固執己見的人，尤其是那些即使經過無數衝突、面臨無數證據而依然毫不鬆動立場的人。YouTube 影片《噪音之上》（*Above the Noise*，2018 年由美國公共電視網 PBS 製片中心及 KQED 共同製作），是一部很適合初中、高中生的影片，有助於學習如何了解且應對網路酸民的現象。這部影片可讓學生了解網路酸民的網路怪論和網路霸凌的差別，還引用了近期研究來解釋網路酸民是如何形成的。雖然有些網路酸民確實有個性上的缺點，但是大部分的人只是想要獲得關注。網路酸民以為只要保持匿名，就可以四處挑起爭端而無後顧之憂，不必為自己的行為承擔後果。最重要的是，這部影片能幫助學生了解：在特定情況下，任何人都很可能做著和網路酸民一樣的舉動。整部影片簡單易懂，有助於學生學習[4]。

---

4 譯註：讀者可以線上觀看這部有關網路酸民的影片，網址是：https://www.youtube.com/watch?v=YLggqoPEfJU。

　　說了這麼多，我們覺得網路酸民與更大的假新聞議題的討論之間，有兩點重要的關聯。首先，研究顯示留言評論會影響閱聽者的認知和意見。換句話說，一篇網路文章下面有越多酸民留下負面評論，其他造訪該網站的人也就越有可能對文章中的資訊有所懷疑（Daum, 2013）。此現象證明，我們的大腦傾向於認同較受歡迎或被重複較多次的意見，而在資訊反覆轟炸下，大腦也就不太在意資訊的正確與否了。其次，較具公信力的新聞來源如〔美國〕全國公共廣播電臺（NPR）和《科技新時代》（*Popular Science*）用相當有趣的方式對付酸民，認為與其花費資源企圖改變酸民的行為，不如建立並強化自己在社群媒體上的能見度（Green, 2017）。這樣的作法呼應代代相傳的古老智慧，以及「troll」一詞的原始意涵—— 一些在橋下出沒的恐怖怪物，而對付怪物的最好方式就是「不要餵牠們」。網路酸民的首要目標就是獲得關注，他們越被關注就越囂張，從而變成一個無止境的惡性循環。如果我們停止〔用我們的注意力〕餵食酸民，他們也更可能消失。

也不要餵食假新聞

　　同樣的建議，也適用於假新聞。越多人點擊那些誤導人的、含有偏見的、完全錯誤的文章，同樣的「新文章」就會不斷增生，而假新聞創造者會無所不用其極吸引我們點擊這些文章。每當我們點擊或分享一則可疑新聞，狄米崔（Dimitri，另見本書第 3 章）和他的夥伴們就更加了解我們想看什麼主題或內容的文章。因此，我們不只應該停止餵食網路酸民，也必須停止餵食像狄米崔這樣的假新聞創作者（Smith & Banic, 2016）。

　　話雖如此，我們如何在不點擊的情況下，了解一則新聞到底是真是假？問得好，我們想要放肆地引用一句名言來回答：「邪惡勢力勝利的唯一要件，是好人的袖手旁觀。」如同網路上大部分的名言，這句話到底是

誰說的還有爭論，但不管是埃德蒙・伯克（Edmund Burke）或約翰・甘
迺迪（John F. Kennedy），我們相信對付假新聞的最佳手段，就是「袖手
旁觀」（什麼都不要點）。除此之外，我們可以使用一些策略，教導學生
如何在不造訪網站的情況下，合理地判斷特定網站的可信度。我們會在下
一章討論這些策略，並讓你有一些演練的機會。

習作

1. 教育家查德・埃弗雷特（Chad C. Everett）認為，同理心不是一種感受，而是一種行動。這是說，單純了解別人的感受是不夠的，我們還必須有所行動。我們如何運用科技，幫助學生在了解他人感受後付諸行動呢？

2. 對你來說，本章分享的五大核心原則中，哪一個的實踐難度最高？你可以如何提升這方面的能力？

3. 用推特聯繫我們！當你身旁發生如本章所說的政治意見衝突事件，你任教的學校或地區會如何處理呢？在與學生、同事或家長討論重要但有時相當敏感的話題時，你有什麼祕訣可以分享給其他教師嗎？

與我們分享你的想法和思考：@jenniferlagarde 和 @dhudgins #factvsfiction

第5章 假新聞自我測驗

關於科技，尤其是網際網路對人們近用和評估資訊的影響，不知愛因斯坦或馬克‧吐溫會怎麼想？（見圖 5.1）不難想像的是，對於我們集體迷惑於假新聞的時代，他們應該會感到失望，但他們應該也會相信我們具有找到解方的能力，解決這個看似無法克服的問題。正如我們在第 4 章的討論，人的大腦天生傾向於尋求貼近我們自身信念與令我們感到舒坦的事物。這種傾向對新聞消費者——不管年輕或較年

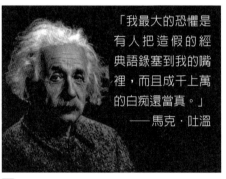

「我最大的恐懼是有人把造假的經典語錄塞到我的嘴裡，而且成千上萬的白痴還當真。」
——馬克‧吐溫

圖 5.1 網路最棒的一件事是任何人在任何時候都能對任何事 PO 文。但這也是網路最可怕的一件事——包括這張愛因斯坦的照片被與造假的馬克‧吐溫經典語錄擺在一起。

長的——來說，會是有問題的，在我們每天接觸到的資訊洪流中判斷什麼是與什麼不是真實的。唯一的解方是培養某些技巧，幫助我們發現可疑內容——最好是在我們點閱之前。

手機至關重要

我們也知道，我們近用新聞的方式正在改變。根據皮尤研究中心 2018 年 1 月所做的調查，77% 的美國人每天使用網際網路；其中，26% 的人說自己「幾乎隨時掛在網上」，在 2015 年的時候，還只有 21% 的人是這麼說的。「年輕成人是隨時掛在網上的那群人：18 到 29 歲的人當中，大約 10 個就有 4 個（39%）幾乎隨時掛在網上，49% 的人每天都會上網許多次。」隨著智慧型手機和其他行動裝置越來越普及，美國人有 83% 的上網時間是透過手機（Perrin & Jiang, 2018）。很清楚地，我們當中的大多數人，包括我們的學生，現在使用這些隨身攜帶的裝置來查找和發現新資訊。我們依賴於這些裝置發出的各種通知，從而知道這個世界正發生什麼事。我們追隨這些資訊碎片，進而導向各式各樣的更多資訊。這一點很重要，因為傳統用來判斷來源可信度的方法，通常很難適用於我們現今取得新聞的方式。

在接下來的討論中，我們將測試你在手機環境中嗅出虛假訊息的能力。不管你是否曾教授媒體素養課程，你本身接觸其他形式訊息的經驗一定有幫助。然而，你不妨思考透過手機近用資訊如何讓權威、領域，甚至是出版品的日期變得有點詭異。身為成年人，特別是作為教育工作者，我們比學生更有經驗去判斷一則新聞的真假。但這種經驗是否也可能讓我們忽略了這些被用來判斷資訊來源可信度一直都頗管用的策略，在手機年代不一定適用了呢？即使中小學生不被允許在學校使用手機，但我們如何訓練他們在不受使用限制的情況下，查找資訊時得以辨識可疑資訊呢？更重要的是，到了學生置身於更真實（與潛在風險更高）的資訊搜尋條件下，這些使用限制究竟是在幫助他們，還是在扯他們的後腿呢？

假新聞自我評估

　　請看以下的訊息，因為它們可能出現在你（或學生）的手機螢幕上。最終，我們希望你標示每一則訊息是眞或假，但因爲這些訊息往往不只是「眞或假」這麼單純，請你也試著回答有關這每一則可能眞實的資訊。比方說，留意一下這些例子當中使用的應用程式（app），以及它們如何以不同的方式呈現資訊。此外，如果你對一則訊息的眞假做了判斷，請試著進一步剖析該評估：將訊息標記爲特定類型的假新聞，然後記錄一些導致你做出該決定的危險信號。雖然看起來好像是假的，但是其中一些是眞實的，因此請花點時間仔細研究每個示例。你將在本章稍後找到正確答案，但與此同時，請盡情玩樂，不要作弊！

□ 真實新聞　　　　□ 虛假消息

從哪個 app 上看到這則訊息？

如果你覺得這則訊息是假的，請你做進一步分類，
從中選擇一個適用的類別。

□ 宣傳　　　　　　　　□ 點擊誘餌

□ 刻意操弄的不實訊息　□ 嘲諷

□ 陰謀論　　　　　　　□ 具誤導性的統計數字

□ 偏倚／偏見　　　　　□ 動過手腳的圖片／影像

在下面的空格中，請列出你感到有所懷疑的內容。

你對自己所做的評估有多少信心？

1 ●────●────●────●────●10
　1 = 不很有信心　　　　10 = 非常有信心

□ 真實新聞　　　　□ 虛假消息

從哪個 app 上看到這則訊息？

如果你覺得這則訊息是假的，請你做進一步分類，
從中選擇一個適用的類別。

□ 宣傳　　　　　　　　□ 點擊誘餌

□ 刻意操弄的不實訊息　□ 嘲諷

□ 陰謀論　　　　　　　□ 具誤導性的統計數字

□ 偏倚／偏見　　　　　□ 動過手腳的圖片／影像

在下面的空格中，請列出你感到有所懷疑的內容。

你對自己所做的評估有多少信心？

1 ●────●────●────●────●10
　1 = 不很有信心　　　10 = 非常有信心

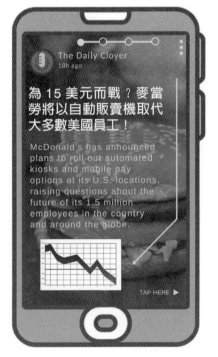

☐ 真實新聞　　☐ 虛假消息

從哪個 app 上看到這則訊息？

如果你覺得這則訊息是假的，請你做進一步分類，
從中選擇一個適用的類別。

☐ 宣傳　　　　　　　　☐ 點擊誘餌

☐ 刻意操弄的不實訊息　☐ 嘲諷

☐ 陰謀論　　　　　　　☐ 具誤導性的統計數字

☐ 偏倚／偏見　　　　　☐ 動過手腳的圖片／影像

在下面的空格中，請列出你感到有所懷疑的內容。

你對自己所做的評估有多少信心？

1 ●━━●━━●━━●━━● 10
1 = 不很有信心　　　10 = 非常有信心

☐ 真實新聞　　☐ 虛假消息

從哪個 app 上看到這則訊息？

如果你覺得這則訊息是假的，請你做進一步分類，
從中選擇一個適用的類別。

☐ 宣傳　　　　　　　　☐ 點擊誘餌

☐ 刻意操弄的不實訊息　☐ 嘲諷

☐ 陰謀論　　　　　　　☐ 具誤導性的統計數字

☐ 偏倚／偏見　　　　　☐ 動過手腳的圖片／影像

在下面的空格中，請列出你感到有所懷疑的內容。

你對自己所做的評估有多少信心？

1 ●━━●━━●━━●━━● 10
1 = 不很有信心　　　10 = 非常有信心

☐ 真實新聞　　　　☐ 虛假消息

從哪個 app 上看到這則訊息？

如果你覺得這則訊息是假的，請你做進一步分類，
從中選擇一個適用的類別。

☐ 宣傳　　　　　　　☐ 點擊誘餌

☐ 刻意操弄的不實訊息　☐ 嘲諷

☐ 陰謀論　　　　　　☐ 具誤導性的統計數字

☐ 偏倚 / 偏見　　　　☐ 動過手腳的圖片 / 影像

在下面的空格中，請列出你感到有所懷疑的內容。

你對自己所做的評估有多少信心？

1 ●━━━●━━━●━━━●━━━● 10
1 = 不很有信心　　　　10 = 非常有信心

☐ 真實新聞　　　　☐ 虛假消息

從哪個 app 上看到這則訊息？

如果你覺得這則訊息是假的，請你做進一步分類，
從中選擇一個適用的類別。

☐ 宣傳　　　　　　　☐ 點擊誘餌

☐ 刻意操弄的不實訊息　☐ 嘲諷

☐ 陰謀論　　　　　　☐ 具誤導性的統計數字

☐ 偏倚 / 偏見　　　　☐ 動過手腳的圖片 / 影像

在下面的空格中，請列出你感到有所懷疑的內容。

你對自己所做的評估有多少信心？

1 ●━━━●━━━●━━━●━━━● 10
1 = 不很有信心　　　　10 = 非常有信心

☐ 真實新聞　　　　☐ 虛假消息

從哪個 app 上看到這則訊息？

如果你覺得這則訊息是假的，請你做進一步分類，
從中選擇一個適用的類別。

☐ 宣傳　　　　　　　　☐ 點擊誘餌

☐ 刻意操弄的不實訊息　☐ 嘲諷

☐ 陰謀論　　　　　　　☐ 具誤導性的統計數字

☐ 偏倚 / 偏見　　　　　☐ 動過手腳的圖片 / 影像

在下面的空格中，請列出你感到有所懷疑的內容。

你對自己所做的評估有多少信心？

1 ●——●——●——●——● 10
1 = 不很有信心　　　10 = 非常有信心

☐ 真實新聞　　　　☐ 虛假消息

從哪個 app 上看到這則訊息？

如果你覺得這則訊息是假的，請你做進一步分類，
從中選擇一個適用的類別。

☐ 宣傳　　　　　　　　☐ 點擊誘餌

☐ 刻意操弄的不實訊息　☐ 嘲諷

☐ 陰謀論　　　　　　　☐ 具誤導性的統計數字

☐ 偏倚 / 偏見　　　　　☐ 動過手腳的圖片 / 影像

在下面的空格中，請列出你感到有所懷疑的內容。

你對自己所做的評估有多少信心？

1 ●——●——●——●——● 10
1 = 不很有信心　　　10 = 非常有信心

☐ 真實新聞　　　☐ 虛假消息

從哪個 app 上看到這則訊息？

如果你覺得這則訊息是假的，請你做進一步分類，從中選擇一個適用的類別。

☐ 宣傳　　　　　　　　☐ 點擊誘餌
☐ 刻意操弄的不實訊息　☐ 嘲諷
☐ 陰謀論　　　　　　　☐ 具誤導性的統計數字
☐ 偏倚／偏見　　　　　☐ 動過手腳的圖片／影像

在下面的空格中，請列出你感到有所懷疑的內容。

你對自己所做的評估有多少信心？
1 ●———●———●———●———● 10
1 = 不很有信心　　　　10 = 非常有信心

☐ 真實新聞　　　☐ 虛假消息

從哪個 app 上看到這則訊息？

如果你覺得這則訊息是假的，請你做進一步分類，從中選擇一個適用的類別。

☐ 宣傳　　　　　　　　☐ 點擊誘餌
☐ 刻意操弄的不實訊息　☐ 嘲諷
☐ 陰謀論　　　　　　　☐ 具誤導性的統計數字
☐ 偏倚／偏見　　　　　☐ 動過手腳的圖片／影像

在下面的空格中，請列出你感到有所懷疑的內容。

你對自己所做的評估有多少信心？
1 ●———●———●———●———● 10
1 = 不很有信心　　　　10 = 非常有信心

□ 真實新聞　　　□ 虛假消息

從哪個 app 上看到這則訊息？

如果你覺得這則訊息是假的，請你做進一步分類，
從中選擇一個適用的類別。

□ 宣傳　　　　　　　　□ 點擊誘餌

□ 刻意操弄的不實訊息　□ 嘲諷

□ 陰謀論　　　　　　　□ 具誤導性的統計數字

□ 偏倚 / 偏見　　　　　□ 動過手腳的圖片 / 影像

在下面的空格中，請列出你感到有所懷疑的內容。

你對自己所做的評估有多少信心？

1 ●———●———●———●———● 10
1 = 不很有信心　　　　10 = 非常有信心

□ 真實新聞　　　□ 虛假消息

從哪個 app 上看到這則訊息？

如果你覺得這則訊息是假的，請你做進一步分類，
從中選擇一個適用的類別。

□ 宣傳　　　　　　　　□ 點擊誘餌

□ 刻意操弄的不實訊息　□ 嘲諷

□ 陰謀論　　　　　　　□ 具誤導性的統計數字

□ 偏倚 / 偏見　　　　　□ 動過手腳的圖片 / 影像

在下面的空格中，請列出你感到有所懷疑的內容。

你對自己所做的評估有多少信心？

1 ●———●———●———●———● 10
1 = 不很有信心　　　　10 = 非常有信心

正確答案：虛假訊息自我評估

準備好核對答案了嗎？表 5.1 列出了每則新聞故事的細節。

表 5.1　自我評估的正確答案

新聞故事	狀態	應用程式	細節
	假	YouTube	這則新聞使用點擊誘餌（clickbait）標題和另一起事件的影音視頻（螃蟹遷徙的自然現象），來散播關於一起真實事件（颶風艾瑪）的虛假訊息。YouTube 的美國用戶在數量上已超過 Facebook 的美國用戶（Majority, 2018）。
	假	Snapchat	這則新聞使用點擊誘餌、具有誤導性的數字，和不相干的圖片，來擴散與調高最低工資芻議攸關的宣傳。Snapchat 經常以一種難以和廣告有所區分的方式呈現新聞。
	假	Twitter	這則新聞使用點擊誘餌，來擴散與加州一項強化環境保育政策芻議有關的宣傳。推特已經越來越變成是各年齡層閱聽眾的主要新聞來源（Shearer and Gottfried, 2017）。
	假	Facebook	這則新聞使用點擊誘餌，來散播關於政府濫權的陰謀論。在上屆美國總統大選中，像這樣的假新聞比真新聞更常在臉書上被分享（Silverman, 2016）。

新聞故事	狀態	應用程式	細節
	真	Snapchat	這是一則真新聞，但它還是用了某種具有誤導性的統計數字，好引誘你點開來看。它不說「只有 7% 美國人相信棕牛生產巧克力牛奶」，而是刻意說「數以百萬計的美國人相信……」。Snapchat 已成為年輕族群的重要訊息來源（Anderson & Jiang, 2018）。
	假	Facebook	這則假新聞使用具有誤導性的影片，來散播有關一位全球領袖的高度爭議性事件。雖然這個例子是因為拍照的光線不佳所致，但諸如 FakeApp 和 Lyrebird 等應用程式，確實可讓任何有電腦或手機的人製作所謂「深度造假」或精心編造的影像，讓某人看起來彷彿真的說了什麼話（Meserole & Polyakova, 2018）。YouTube 還沒有備妥抗擊這些假影片的方案（Lewis, 2018）。
	真	Instagram	這則來自 Instagram 的新聞是真實的，雖然數字大得嚇人，但卻是正確無誤的。
	假	YouTube	這則假新聞依賴的是點擊誘餌和不實訊息，用了具有誤導性的照片，在導言中暗示有數以百計的人失蹤，目的在吸引人們點擊臉書最近提供「關於這篇文章」的新功能，讓使用者能夠在點擊之前先對資訊來源有更多了解（Lewsing, 2018）。

新聞故事	狀態	應用程式	細節
	假	Google（News Alerts）	這則假新聞使用點擊誘餌和一張造假的照片（表示感染狂犬病的鼬獾），為的是散播不實訊息。谷歌和類似應用程式允許使用者設定為自己量身定作的新聞通知，基於自身的瀏覽習慣和使用者偏好，結果就成了手機版的過濾泡泡。
	假	Browser（例如 Safari）	這則假新聞是反諷（satire）或真實的假新聞（actual fake news）的例子。雖然反諷類的新聞網站已經如此自我宣告，但它們經常被人當成真新聞分享，特別是假新聞標題呼應既有陰謀論的時候，更是如此（Woolf, 2016）。
	假	Apple News Alerts	這則假新聞使用不實訊息，並且以具有誤導性的統計數據包裝，目的是為了讓讀者以為摩托車不安全。即使這些數據是真的，它們卻被斷章取義了。蘋果新聞（Apple News）或其他類似的應用程式讓使用者得以基於自身的瀏覽習慣和偏好來設定新聞通知。
	真	Instagram	這則新聞是真的。想不到吧！

所以……你怎麼做？

提供前面這些自我評估的資源，我們的目標不是為了戲弄任何人，而是為了闡明某些根本事實：我們近用新聞的方式會影響教導學生如何評估它的方式。以下是我們在研究這個主題並且與教育工作者合作時感到震驚的一些事：

- 內容在手機上的呈現方式與傳統裝置有所不同。

- 即使是簡單的事情，例如想知道網頁內容的網址或域名（URL/domain），在手機上面（與電腦顯示的同一資訊相較）也需要額外的一些步驟。

- 一個行動裝置應用程式裡的廣告，似乎看起來更像是真實的內容，而且不點擊它就無法關掉這些廣告。

- 與電腦上使用的瀏覽器不同，行動裝置的廣告攔截軟體基本上還不存在（Claburn, 2017）。

- 研究顯示，學生主動尋求新聞的機會，遠少於基於演算法自動生成的新聞通知。我們的媒體素養課程，有必要培訓學生發展可靠的新聞動態更新的技能。

- 絕大多數中小學教師並未從事行動裝置使用方面的研究，因此在調整傳統媒體素養課程（現在應該包括教導學生如何在學校以外的環境獲知新聞）時，亟需來自外部的支持。

表 5.2 臚列我們喜歡的一些線上虛假訊息自我評估的相關資源，我們想可能對你和你的學生有用。我們也提供了數位版本的自我評估資源，歡迎與學生及同事分享。（請記住，使用 Bitly 製作的短網址必須區分大小寫喔！）

表 5.2 虛假訊息自我評估的一些線上資源

資源	來源	描述	近用
Factitious（英文網站）	JoLT：美利堅大學遊戲實驗室與傳播學院合作計畫。	讓你在判斷一則新聞真假前可選擇是否了解它的來源。	bit.ly/2JKUbFN
Can You Spot the Fake News Story?（英文網站）	Houghton Mifflin Harcourt's Channel One News：一個得獎的每日新聞節目，鼓勵年輕人成為資訊充分的全球公民。	提供快問快答資源，可以用來測試你分辨真假新聞的能力。務必將畫面往下拉，可以看到與假新聞有關的一些教案。	bit.ly/2JKUTCX
Can You Spot Fake News?（英文網站）	Penguin Books：一家美國出版商。	受到《謊言與統計實戰導引》（作者：Daniel Levitin）一書啟發，這個問答網站聚焦於統計和「偽科學」如何被用於誤導人們。	bit.ly/2JTwlra
Can You Spot the Fake News Stories（英文網站）	BBC News Service：世界最大廣電機構BBC 的新聞服務。	關於美國假新聞在英國被如何看待，這個網站提供了有趣的案例。	bbc.in/2JUDSX2

資源	來源	描述	近用
Real or Fake?（英文網站）	PundiFact：一個事實查核網站，專門查核政治人物公開言論的正確性	這個網站不提供新聞案例供你評估，而是問你在他處看到的新聞有何屬性，並且對其中潛藏的若干警訊發出提醒。	bit.ly/2JUDYOo
我們提供的虛假訊息自我評估	本書兩位作者	用谷歌表格製作的版本	bit.ly/FvsFSelf_AssessmentCOPY

在下一章，我們將探索一些工具和資源，我們認為它們是極佳的起點，可以幫助教育工作者處理虛假訊息這個主題，也有助於他們在課堂、圖書館和電腦實驗室裡教授的媒體素養。你會發現其中許多資源獲得教育工作者大力推薦。話雖如此，大多數都基於使用桌上型電腦、筆記型電腦或 Chromebook [1] 的傳統研究途徑，它們對師生都還是重要且有用的工具。不過，當你在探索它們時，我們希望你也會思考如何使其中部分內容適用於行動裝置的場景。

----

[1] 譯註：內建 Google Chrome OS 系統的筆記型電腦。

習作

1. 你是如何進行虛假訊息自我評估的？關於評估結果，最讓你驚訝的是什麼？你下一步將採取哪些方式來繼續自己在這方面的學習？

2. 根據培養當前學生近用和評估資訊的技能之需求為標準，你給自己目前提供的媒體素養課程打幾分？

| 1 格 | 3 格 | 5 格 |
| 訊號微弱 | 訊號還行 | 訊號滿格 |

3. 用推特聯繫我們！我們想知道，你的學生或同事在做虛假訊息自我評估的時候表現如何？在使用這個工具的時候，你和學生或同事有什麼樣的一些討論？

與我們分享你的想法和思考：@jenniferlagarde 和 @dhudgins #factvsfiction

第6章 我們沒有輸！抗擊虛假訊息的資源

年輕世代的「數位原住民」可能在臉書和推特之間穿梭，而且同時上傳自拍照到 Instagram，再加上傳訊息給朋友。但在評估社群媒體上流通的資訊時，他們還是很容易被矇騙。

——史丹福大學歷史教育小組，
〈評估資訊：線上公民思考的基石〉

在 2015 年 1 月至 2016 年 1 月之間，史丹福大學的歷史教育小組（Stanford History Education Group, SHEG）研究各國學生如何評估線上資訊。他們對 12 個州的初高中學生進行 56 項評估調查，蒐集到超過 7,800 位學生的資料。

這個結果既令人驚訝，也令人失望，一次又一次，學生們無法有效評估各種來源與形式的資訊可信度。根據研究者，參與評估研究的學生出現「令人驚訝和失望的一致性」，皆無法展現甚至是基本層次的事實查核能力。除了無法分清廣告和真實內容之外，不同年齡層的學生群體都誤信造假圖片，無法辨識內容當中的偏見，而且對虛假訊息的信任還多過真訊息

（SHEG, 2016）。史丹福大學研究者也分享他們對學校教育如何導致上述情況的看法：

> 這些都不是火箭科學（譯按：指一般人難以理解），但學校通常沒教。事實上，某些學校用特殊的過濾裝置將學生導引到審查過的網站，有效的創造了一整個世代的泡泡兒童（bubble children），他們從沒機會發展他們所需要的免疫力，以抵禦臉書動態出現的毒素，而臉書動態是這些學生最常獲取新聞資訊的管道。這種作法以脫離真實世界的方式保護青少年，而非教育他們有能力處理真實世界。（Wineburg, 2016）

最終，我們認為可以從史丹福大學的這項研究得到許多教訓。除了出版他們的研究方法和發現之外，史丹福大學研究人員也分享他們在進行評估調查時使用的範例資源（sample tasks）。這些資源有助於教育現場第一線的教師們了解學生狀況，從而幫助學生發展進一步的行動方案；正如史丹福大學研究人員指出，第一線的教師們可以視實際情況決定如何巧妙運用這些範例資源：

> 過去我們手上從來沒有這麼多資訊。不管這種豐饒是否會讓我們更明智或更知情（better informed），或是無知和見識狹隘，取決於我們對這個問題的自覺程度，以及教育體系對這個問題所採取的回應方式。（SHEG, 2016）

問題很複雜，但不是不可能

或許，臉書提供的一個心情狀態最能說明我們和新聞的關係，以及我們察知真假的能力：百感交集（It's complicated）。我們不再出門找新

聞，新聞越來越是透過一連串的個人化的通知（這些通知可能是我們刻意設定，可能是有人基於我們的瀏覽歷史和線上行為而設定的），日以繼夜地奔向我們的行動裝置。我們判斷真假的努力也變得更加複雜，因為這些新聞動態可能出自專業記者、公民記者、搞笑反諷者、陰謀論者、網路酸民（online trolls），也可能出自刻意撰寫假新聞和通常帶有很深偏見的內容，透過愚弄人們來賺錢的有心人士。能夠被用於製作「深度造假」（deep fake）照片或影像的應用程式，更加模糊了真假的界線。不過，有一點很清楚，只要內容創造者繼續從搜索引擎和社群媒體的流量廣告獲得報酬，那麼追逐像病毒般擴散傳播的內容（真假不論）的動力將不會止息。

我們認為，判斷來源可信度的簡單機制不曾存在，因為新聞從來不是簡單的真或假，沒有什麼超強記憶術或聰明四步驟可以用來辨識假新聞，因為有太多方式，資訊有可能被有心人刻意造假，也可能出於惡作劇。現在比過去更是如此，決定我們能相信什麼或該懷疑什麼，已經不是一件容易的事——有點諷刺的是，想想時下的說法，人們把萬分複雜的問題化約為一個簡單的標籤——「假新聞」，彷彿真假可以立判。再者，當然，這是問題的一部分。資訊操縱（information manipulation）變得越來越先進和精微，其破解之道也需要更深更廣。我們不再能說有任何來源提供的資訊可以做到百分之百正確，而且毫無任何偏見。我們必須教導學生解構各種形式的媒體，而且要教導他們揭露背後的訊息。正如 Joyce Valenza 在 2016 年寫道，我們必須教導學生：

> 質疑訊息的來源。我們必須更新自己的技能組合與工具箱，以引導學生瀏覽越來越複雜的新聞生態。我們必須檢視並承認自己的偏見，從而得以接受相反和牴觸的想法。這是我們應該揮舞的旗幟，也是我們應該協同教學的課程。

簡單的說，假新聞的問題具有多面性，所以解決方案也必須具有多面性。

我們不敢說已掌握所有答案，但俗話說得好，「我們確實認識一些人。」（譯按：意指作者人脈很廣）生活在高度連結的當下的一大好處，是我們可以用同一工具取得其他資訊，並從中創造一個個人學習網絡（personal learning networks, PLNs）。這些網絡有助於我們學習新技能，有助於我們分享自身經驗。面對媒體素養（media literacy）這麼錯綜複雜的問題，個人學習網絡讓你擁有一支強大的援軍。我們當然不是獨自作戰；幸運的是，我們也不需要獨自作戰。過去幾年來，因為我們的個人學習網絡，我們已經彙整了很多資源可供與我們共事的教師們使用與分享。我們已經將這些資源分門別類，現在將這些資源與你分享，以增益你手上的工具箱。

判斷可信度的架構和訣竅

表 6.1 列示的資源是有助於學生評估資訊的訣竅，在設計上是用來吸引學生的注意力，而且也易學易記。不管你使用這些資源或是創造自己的資源，像表 6.1 所包含的架構，有助於學生發展評估策略，而且適用於各種媒體。

表 6.1　可用於評估可信度的工具

資源名稱	適用對象	內容特色	網址
圖書館女孩識別假新聞的小撇步 （來源：*Jeninifer LaGarde*）	小學生（含）以上	提供有助於學生用以評估新聞的資訊圖表。	bit.ly/tips4spotting fakenews

資源名稱	適用對象	內容特色	網址
如何識別假新聞 （來源：*IFLA*）	小學生（含）以上	提供有助於學生用以評估新聞的資訊圖表。	bit.ly/2JZsCIX
識別假新聞的五種方法 （來源：*Common Sense Media*）	小學生（含）以上	提供一部濃縮了五種要訣的影片，有助於學生用以評估新聞來源。	bit.ly/2KadSGW
評估網路來源的 CARS 檢核表 （來源：*Andy Spinks*）	小學生（含）以上	提供有助於學生評估資訊的問題清單。	bit.ly/CARScheck list
這則新聞值得分享嗎？（流程圖） （來源：*NewseumEd*）	小學生（含）以上	提供有助於學生評估資訊的資訊圖表，詢問他們是否願意為某一資訊背書並分享給他人。	bit.ly/2I2CUD5
評估網站的 5 個 W （來源：*Cathy Schrock*）	小學高年級學生（含）以上	提供有助於學生評估資訊的問題清單，這些問題模仿了新聞記者常用的「5 個 W」。	bit.ly/2K1tjBw

資源名稱	適用對象	內容特色	網址
如何用谷歌以圖搜圖來做事實查核 （來源：*Common Sense Education*）	小學高年級學生（含）以上	提供影片教導如何使用谷歌以圖搜圖功能，有助於學生用以評估資訊。	http://bit.ly/2LCMwpy
網站評估：你覺得這個網站可笑嗎？ （來源：*AASL*）	小學高年級學生（含）以上	提供一份名為FART 測試的問題清單，有助於學生評估一個網站。這份問題清單本身，是向 CRAAP 測試協定致敬之作。	bit.ly/2K2KHWo
CRAAP 測試 （來源：*Meriam Library, California State University, Chico*）	中學生（含）以上	提供一份問題清單，有助於學生用以評估資訊。	bit.ly/2K2K1jO
如何比臉書動態裡的假新聞更聰明 （來源：*CNN*）	中學生（含）以上	提供一系列新聞記者給的建議，有助於學生用以指認可疑新聞。	cnn.it/2I2A7K7
識別一篇虛假訊息文章的 10 種方法 （來源：*EasyBib*）	中學生（含）以上	提供一份問題清單，有助於學生用以評估資訊。	bit.ly/2K6PJkw

資源名稱	適用對象	內容特色	網址
評估一篇新聞報導 （來源：*EasyBib*）	中學生（含）以上	提供有助於學生用以評估新聞的資訊圖表。	bit.ly/2K7en4C
Pro 級的事實查核技巧 （來源：*Indiana University East*）	中學生（含）以上	提供有助於學生用以評估新聞的資訊圖表。	bit.ly/2K7eDkf
學生如何解決假新聞問題 （來源：*John Spencer*）	中學生（含）以上	提供一部包含五種要訣的影片，強化消費者批判力，有助於學生用以評估新聞。	bit.ly/2K5014H
如何識別假新聞 （來源：*FactCheck. org*）	中學生（含）以上	提供包含要訣的影片，有助於學生用以評估新聞。	bit.ly/2JZynGz
IMVAIN 入門 （來源：*Center for News Literacy*）	中學生（含）以上	提供一組易懂易記的要訣，有助於學生評估新聞。	bit.ly/2K17HoG

資源名稱	適用對象	內容特色	網址
用 RADAR 架構評估資訊來源 （來源：William H. Hannon Library, Loyola Marymount University）	高中生	提供一份針對高中生的問題清單，有助於學生用以評估資訊。	bit.ly/2K2tE6M
識別陰謀論文章的六大危險訊號 （來源：*Vanessa Otero*）	高中生	提供一系列要訣，幫助高中生指認一則新聞或一篇文章中潛藏的某種陰謀論。	bit.ly/2I1fUnT
假新聞的未來 （來源：*Edutopia*）	高中生	提供一份包含 5 個基本問題的清單，有助於學生用以指認新聞中潛藏的偏見。	https://edut.to/2wui1Nl

教案範例

　　表 6.2 收錄的資源是世界各地教師開發的教案，先前在幫助學生識別真假新聞時迭有成效。這些教案提供的補充資料也相當豐富，可供自行調整以符合廣大學生的需求。

表 **6.2** 教案例示

資源名稱	適用對象	內容特色	網址
我教小五生如何識別假新聞 （來源：*Vox*）	小學高年級學生（含）以上	史考特‧貝德利（Scott Bedley）的文章，其中包含教導小學五年級學生的教案。	bit.ly/2K6HUva
超級月亮導致漲潮：真的假的？ （來源：School Library Journal）	小學高年級學生（含）以上	可用於教導小學四年級生的新聞素養課程資料。	bit.ly/2I3kdz4
教師工具箱：新聞與媒體素養 （來源：*Common Sense Media*）	小學生（含）以上	本課程提供適用所有年級學生的教案。	bit.ly/2K3uQa6
事實 vs. 意見 vs. 資訊充分下形成的意見及它們在新聞中的角色 （來源：*Common Sense Education*）	小學生（含）以上	提供分辨意見和事實的學習活動，並且鼓勵批判性思考。	bit.ly/2wwNmit
如何選擇新聞 （來源：*TED-Ed*）	小學中年級學生（含）以上	有關新聞是如何被報導的，以及如何評估新聞的正確性和偏倚程度，本網址提供客製化教案與相關影片。	bit.ly/2K0qsbU

資源名稱	適用對象	內容特色	網址
在「後真相」世界裡評估新聞（來源：*The New York Times*）	小學中年級學生（含）以上	本教案包含與假新聞有關的觀念、問題和教學資源；另有適合母語非英語的英語學習者的版本。	nyti.ms/2K1j00i
課程與教案（來源：*University of Missouri School of Journalism*）	小學中年級學生（含）以上	數百個與新聞業、新聞素養和公民教育有關的教材和資源；適合教師和學生使用。	bit.ly/2K2rYdn
教案規劃：如何教學生識別假新聞（來源：*PBS*）	中學生（含）以上	有助於學生用以瀏覽媒體和評估新聞的各種活動資源。	to.pbs.org/2K1XS6T
事實或虛構？給學生看的 TED 影片（來源：*TED-Ed*）	中學生（含）以上	有助於教師教導學生認識假新聞的教材資源。	bit.ly/8TEDed_fakenewsvids
教案規劃：媒體素養與假新聞（來源：*C-Span*）	中學生（含）以上	五部影片，包括一部來自反諷網站《洋蔥》（*The Onion*）的影片，以及讓學生思考那些產製假新聞者的可能動機。	bit.ly/2K51W9p

資源名稱	適用對象	內容特色	網址
網頁批判評估 （來源：*Kathy Schrock*）	中學生（含）以上	教學材料，包括一個刻意建置的假網站，有助於學生用以進行腦力激盪，並且自己打造一套識別可疑資訊的規程。	bit.ly/2K2URmJ
三個教案：抗擊假新聞 （來源：*Vicki Davis*）	中學生（含）以上	三個快速「響鈴」活動，有助於學生思考指認線上可疑內容的方法。	bit.ly/2I5slPw
教案規劃：抗擊假新聞 （來源：*KQED*）	高中生	有助於學生了解假新聞擴散之後果，並用以評估新聞的相關資源、提示和活動。	bit.ly/2K768po
惡作劇，是或否？線上理解與評估策略 （來源：*Read Write Think*）	高中生	有助於學生培養識別惡作劇新聞的多階段學習單元。	bit.ly/2K45UPU
假新聞 （來源：*Nearpod*）	高中生	有助於學生思考新聞的社會影響，並有助於識別可疑新聞的線上活動和資源；包括課前和課後測驗。	bit.ly/2JZR3CA

事實查核工具與其他有用資源

　　表 6.3 的資源提供的一些工具，可用於判斷一則新聞或網站是否已經被拆穿，或是被指認為包含可疑資訊。我們建議，和中學（含）以上的學生一起使用這些資源。同時，表 6.4 包括一些額外資源，有助於培訓小學生到高中生成為抗擊假新聞的尖兵！

表 **6.3**　事實查核工具

資源名稱	內容特色	網址
FactCheck.Org	FactCheck.org 是美國賓州大學安納堡公共政策中心的一項研究計畫。	www.factcheck.org
Snopes.com	投入打假闢謠（事實查核）工作已有 20 多年歷史，Snopes.com 公認是有關謠言與不實資訊研究的線上試金石。（另見本章的「關於 Snopes.com」）	bit.ly/2K66e0A
Whois Lookup	由 DomainTools 提供的搜尋引擎，基於它的網域名稱或 IP 位址，有助於吾人對某個網站有更多的了解。	whois.domaintools.com

資源名稱	內容特色	網址
Hoax-Slayer	除了打假闢謠且刊載有關惡作劇和惡搞的教育類文章之外，這個網站也提供相關資源，讓你得以邊搜尋邊查核電子郵件和社群媒體訊息的真實性。	bit.ly/2K7vvHo
Fact Checker	由《華盛頓郵報》提供的線上專欄，提供「話術背後的真相」。	wapo.st/2K2I3jq
FotoForensics	你可上傳照片檔案至這個網站，用以核對它是否遭到人為變造。	www.fotoforensics.com

表 **6.4** 抗擊假新聞的其他有用資源

資源名稱	適用對象	內容特色	網址
查核學 （來源：*The News Literacy Project*）	小學生（含）以上	專為提供學生評估和詮釋新聞相關工具的一套線上學習管理系統。	checkology.org

資源名稱	適用對象	內容特色	網址
新聞博物館教育網站 （來源：*Newseum*）	小學生（含）以上	彙整提供與媒體素養和言論自由相關的學習工具。	newseumed.org
「標題黨」產生器 （來源：*Content Row*）	小學生（含）以上	提供工具讓學生練習怎麼下點擊誘餌式的新聞標題。	bit.ly/clickbaitgenerator
你的學生有多厲害？可以測出學生評估能力的 7 個假網站 （來源：*EasyBib*）	小學生（含）以上	彙整提供一些惡作劇新聞案例的網站，可供師生一起使用。	bit.ly/2K96ADG
處理假新聞：媒體素養教學策略 （來源：*Scholastic*）	小學生（含）以上	有助於學生提升媒體素養與技能的線上資源與教材網站。	bit.ly/2K4Qfje
打破你自己的新聞 （來源：*Jonathan Cresswell*）	中學生（含）以上	本網站讓學生練習產製「突發新聞」，從中體會一些假新聞產製者經常使用的手法。	bit.ly/2K0XhlQ

資源名稱	適用對象	內容特色	網址
壞消息 （來源：*Cambridge University*）	中學生（含）以上	線上遊戲，讓學生思索造成假新聞擴散的因素。	 bit.ly/2I5KNaJ
問答：分辨事實和意見 （來源：*Pew Research Center*）	中學生（含）以上	一個問答網站，讓學生和教師了解偏見如何影響吾人分辨新聞當中的事實與意見。	 pewrsr.ch/2K2Y 59P
新聞素養中心 （來源：*Stony Brook University*）	中學生（含）以上	教學生用批判思考技巧來判斷新聞報導可靠度和新聞來源可信度的線上資源網站。	 bit.ly/2JYpKMe
反諷新聞網站清單 （來源：*Wikipedia*）	中學生（含）以上	由公眾集體協力彙整的一份惡作劇網站清單。	 bit.ly/2K48jdf
假新聞很複雜 （來源：*Harvard University's John F. Kennedy School of Government*）	中學生（含）以上	有助於學生指認各類不實資訊的線上資源網站。	 bit.ly/2K1XchR

資源名稱	適用對象	內容特色	網址
媒體偏見示意圖 （來源：*Vanessa Otero*）	高中生（含）以上	有助於師生指認主流新聞偏見的線上資源。（這張示意圖不定時更新，最好使用最新版本。）	bit.ly/2LCznNm
虛假、誤導、點擊誘餌及／或反諷新聞來源 （來源：*Melissa Zimdars, Merrimack College*）	高中生（含）以上	彙整一些已被指認為虛假的或具誤導性的新聞來源清單，並且提供相關策略和定義。	bit.ly/fakenews_doc
以圖搜圖 （來源：*TinEye*）	高中生（含）以上	有助於學生以圖搜圖的線上資源。	www.tineye.com
惡作劇：不實訊息擴散與事實查核視覺化 （來源：*Indiana University*）	高中生（含）以上	有助於學生理解假新聞如何跨平臺擴散的線上工具。	bit.ly/2Kad6K2
新聞素養計畫 （來源：*News Literacy Project*）	教師	有助於媒體素養技能教學的線上資源。	newslit.org/about

資源名稱	適用對象	內容特色	網址
媒體教育實驗室 （來源：*University of Rhode Island*）	教師	有助於媒體素養教育的線上資源。	bit.ly/2K4qAaq
想想媒體：分析當代宣傳 （來源：*Renee Hobbs and the United States Holocaust Memorial Museum*）	教師	有助於學生指認什麼是宣傳的線上教學資源。	bit.ly/2K0M9sm
新聞與資訊素養教學13招 （來源：*School Library Journal*）	教師	有助於媒體素養技能教學的文章和訣竅。	bit.ly/2K1lD27
精選：本週新聞素養教學指引 （來源：*The News Literacy Project*）	教師	有助於教師執行媒體素養教學的線上新聞通訊，每週更新。	bit.ly/2K3TXtw
關於「新聞」動態更新、點擊誘餌及可信來源，你該知道什麼？ （來源：*Young Adult Library Services Association; YALSA*）	教師	有助於教師提升其線上可疑內容辨識能力的相關資源。	bit.ly/2K45QzC

關於 Snopes.com

我們知道，Snopes.com 的政治中立性存在爭議，但研究者和受過訓練的記者繼續使用 Snopes，因為正如美國新聞協會在 2017 年出版的一篇文章指出，Snopes 的事實查核有以下強項：

來源：用許多網站和統計資料對一項說法或一則謠言進行事實查核。

作者：揭露事實查核報告的作者身分。

日期：註明事實查核報告的出版時間和更新時間。

原始說法：精確交代何時何地說了什麼，並且提供充分的背景脈絡說明。

清楚判斷：明示事實查核結果是真是假，或是無法證實真假。

簡潔：用字精簡，不須看 1,000 字以上的長篇報告才知道事實查核結果。

讀者參與：Snopes 主動邀請讀者協力並寄送新聞通訊（Elizabeth, 2017）。

這不是說 Snopes 或其他事實查核網站不需要被檢視。不過，只要它的實務繼續遵照行業標準，我們將繼續將它視為具有可信度的資源。同時，也請記住，還有其他選項（參見本章表格所列）。在判斷真假與形成意見之前，盡量多參考幾個事實查核網站的資料，永遠是有益無害的作法。

通知世代

　　本章提供的所有線上資源，都經過我們親自檢驗，或是由其他教育工作者向我們極力推薦的，他們曾與學生一起使用過其中部分資源。不過，你可能已經注意到的一件事是，當學生通過手機或平板電腦近用新聞時，這些策略的應用方式可能會有所不同，但這點尚無人專門探討。讓我們說得更清楚一點：事實查核的基本功不變，無論你使用哪種設備。無論以何種方式近用資訊，新聞消費已明顯不再是一種被動的活動。隨著時間流逝，無論是好是壞，新聞工作者和內容創作者的工作也已經改變。他們不再只是簡單地研究故事，然後以最清晰、最澈底和最中立的方式呈現給公眾。在 24 小時的新聞週期中，一般新聞記者與任何擁有手機的人競

爭，他們的職務內容現在還包括以下關鍵功能：搶新聞爭第一之外，還要
設法吸引更多人點擊他們的新聞報導，而不是其他媒體所做的報導。這意
味著，作為新聞消費者的我們也必須改變，我們再也不能再對所有呈現給
我們的新聞信以為眞了。

▌新聞消費者需要的技能組合

　　花費時間沉浸在本章分享的資源中，某些主題已經從中浮現。新聞消
費者置身於這個平臺不斷變化的世界中，病毒式擴散的價值經常被視為不
低於正確性，我們的技能組合必須包括以下能力：

- **對自身偏見有所自覺**。必須意識到這一點，亦即在我們接觸任何
  資訊的同時，我們是帶著個人偏見和內隱偏誤的。再者，我們必
  須認識到，這個包袱可能導致我們輕信那些與我們意見和想法吻
  合的新聞故事。

- **辨識點擊誘餌**（**Clickbait**）。儘管這些策略不斷演化，我們需要
  磨練我們對廢話／胡扯訊息的偵測能力，以便每當看到以下情況
  時，我們自然地保持懷疑態度：

  - 煽情標題。
  - 含糊或不完整的統計數據。
  - 試圖激起情緒反應的灑狗血式報導。
  - 看起來毫無道理或難以在某個脈絡下理解的照片或圖片。

- **作者的可信賴程度**。因為我們消費的新聞有太多來自社群媒體，
  所以我們很容易因為是我們的某個叔叔或好友發送的，就以為一
  定是眞的。我們稍後會對此做更多討論，但我們必須幫助學生了
  解這一點，亦即他們必須檢驗內容創造者，而非內容分享者的可
  信賴程度。

● **多重驗證的必要性**。一個新聞故事是否真實，最好的驗證方式是先確定這個故事從哪裡來，然後尋找是否有其他具有可信度的資源也支持它。在當前這個只要使用聲控裝置就可以開燈、調節室溫或線上購物的世界裡，雖然似乎還難以做到這個額外的步驟，但它確實不是可有可無的。如果我們擔心資訊的正確性，我們就必須付出一些心力。

在評估來自任何來源的新聞時保持警惕非常重要，我們還必須牢記，用手機看新聞時，新聞看起來會有所不同。考量使用行動設備看新聞的情況日益普遍（Pew, 2017），很重要的一點是，媒體素養教育應該開始提供額外的支持，幫助學生（和教師）善用這些設備及其功能。

為了做到這一點，我們首先必須允許學生在學校裡使用這些設備作為研究工具。我們的孩子一直都在研究各種資訊——從最新的遊戲密技（video game cheats）到別人怎麼談論他們最喜歡的歌手或 YouTube 網紅。說到 YouTube，我們現在教的孩子，受 YouTube 內容創作者影響的程度，遠遠超過受到傳統名人的影響。他們還將 YouTuber 視為潛在的職業選擇（Ault, 2015）。雖然絕大多數 YouTuber 都在努力靠他們的視頻謀生，但那些因為 YouTube 而一夕爆紅的人和他們的奢華生活風格，持續激勵著孩子們追隨他們的數字足跡（Bloomberg, 2018）。而且，這很重要。

我們的學生也持續用手機在學校外蒐集資訊，而且在這些空間裡繼續深受內容創作者的影響。我們知道，那些有助於他們對資訊進行批判思考的必要技能也就斷裂得越來越大，尤其是我們提供給他們練習這些技能的機會看來或感覺起來已經與現實脫節。在最大可能的程度上，我們必須讓學生有機會在學校練習評估新聞和資訊時，以一種和校外每個場合同樣的方式進行（譯按：比方說，一樣都可以用手機上網）。

此外，我們需要允許，甚至鼓勵學生使用他們在校外使用的應用程式

和資訊來源，作爲可以在學校引用的資源。如果我們強調事實查核是研究的一部分，讓學生引用快照（Snap）、推文（Tweet）或IG貼文（Instagram post）又會有什麼危險？如果我們眞的希望學生對學校內外的所有資訊都保持一種健康的懷疑態度，那麼我們需要移除任何障礙，讓他們有機會看到，我們要求他們在教學活動中展現的技能眞的管用，甚至是老師不在他們身邊的時候。

▌通知策展

作爲這些教學工作的一部分，我們還必須把教導學生成爲有能力管理通知的統籌管理者（notification curators，或可直譯爲通知策展人）的這一目標，添加到我們現有的媒體素養教育當中。

奈特基金會（Knight Foundation）一項調查年輕人的新聞消費習慣的研究發現，對許多年輕人來說，資訊更多時候是透過通知而傳遞到他們手上，而非靠著自己主動搜尋。一位受訪者表示，「醒來第一件事是查看手機。像我醒來時，我先關掉鬧鐘，查看手機，〔而且〕收到一些通知……」（我們自己也有這種日常習慣，而且我們敢打賭讀者當中也有很多人有這個習慣。）該項研究的其他受訪者表示，他們發現不斷湧入的通知令他們感到壓力很大（Knight, 2016）。作爲教育工作者，我們必須自問，我們當前的媒體素養教育如何滿足「通知世代」（the "notification generation"）的需求。如果我們對這一題的答案不盡滿意，那麼我們就必須願意重新考慮我們的策略。

我們可以通過以下幾種方法，提升學生使用手機和平板近用資訊的技能，包括一些有助於他們成爲更好的通知管理者的訣竅：

- **幫助孩子變成擅長管理通知的專家**。教他們允許或限制特定應用程式發送通知的設定方法。在他們知道通知列表的內容之後，教

他們像做功課一樣仔細地檢查那些被允許推送通知的應用程式。
凡妮莎・奧特羅（Vanessa Otero）製作的「媒體偏見示意圖」（請
參見表 6.4）和類似工具，有助於孩子和成年人確保接收到的通知
是來自正確與平衡的新聞來源。管理通知有助於減少被頻繁到來
的通知打擾，但統籌管理（策展）通知還需要另一種技能。重要
的是，讓學生了解他們對於不斷推送資訊的各種通知是擁有控制
權的。我們必須為他們配備統籌管理（策展）通知的技能，因為
也有許多最具公信力的新聞媒體推送的通知可供參考，讓學生得
以接觸到多元的觀點。

- **提供孩子一些在手機上近用資訊時降低噪音的策略**。雖然行動
  廣告攔截程式並不普遍，某些瀏覽器應用程式（iOS 的 Safari
  和 Firefox 或 Android 的 Edge）提供閱讀器顯示方式（Reader
  View），讓使用者可以專注閱讀內容本身，而不受廣告、影音視
  頻或贊助內容連結干擾。請參考圖 6.1，同一則新聞若使用閱讀

圖 6.1　用手機閱讀一則新聞，並且比較閱讀器顯示方式和預設（默認）顯示方式
的差別

器顯示方式，看起來將和預設（默認）的顯示方式（the default view）有所不同。這是讓孩子先聚焦資訊，而且應用內容相關事實查核策略的有效方法，免於因為一大堆垃圾訊息（譯按：此處指網路新聞當中的廣告、影音視頻或贊助內容連結）而分心。

● **教孩子如何刪除他們的 app 應用程式的瀏覽歷史紀錄**。中斷過濾泡泡效應（the filter bubble effect）——網際網路基於我們先前的瀏覽歷史紀錄而推送特定內容——的方法是隨時動手刪除該歷史紀錄。即使我們敏銳地意識到自己在評估資訊來源時會有偏見，網路演算法仍會構成障礙，讓我們雖想近用多元觀點卻無法如願。隨時動手刪除瀏覽紀錄可能意味著你有時必須重新輸入密碼，但是帶來的好處遠大於任何不便。

● **教孩子們學會更加關注資訊的作者，而非只看重資訊的分享者**。在當前由社群媒體驅動下的新聞地景裡，權威性（authority）已成為一個層級化和複雜的東西。儘管我們知道分享某則新聞的朋友並非該資訊的原生來源，但他們對它的背書（endorsement）很重要，即使他們不該這麼做。再者，分享者的身分讓許多人（年輕和不太年輕的人）對該則新聞產生了不一定該有的信任（Anderson & Rainie, 2017）。的確，包括臉書和推特在內的社群媒體網絡已宣布抗擊假新聞的計畫；但是，責任最終在於我們，確保我們不會因為沒有額外查核而分享朋友發布的內容，進一步擴散傳播了誤導或偏頗的資訊。我們必須幫助學生認識到，唯一重要的權威性來自資訊的原生來源。我們的親人或朋友通過分享轉發而為某個新聞來源背書，但是這種背書是不可靠的。

● **鼓勵學生先仔細查核，然後再分享**（如果有的話）。用手機來近用資訊有其一大優勢，是可以毫不費力地跨平臺分享資訊給他人。但是，正如在電影《蜘蛛人》（*Spider-Man*, 2002）裡，班

叔（Uncle Ben）對彼得·帕克說的那樣：「力量越大，責任越大。」換句話說，我們可以輕輕鬆鬆分享某一資訊本身，不意味著我們應該這麼做。我們的學生，就像所有之前的學生一樣，是社交動物；要說服他們不要分享他們創造或接觸到的內容，會是一場艱苦的戰鬥，但這是值得投入的戰鬥，尤其是在行動媒體素養（mobile media literacy）的脈絡下。新聞博物館的教育網站（NewseumED）的〈這則新聞故事值得分享嗎？〉（Is This Story Shareworthy?）資訊圖表和附帶課程（請參見表 6.1 和 6.2），以及類似工具，都是非常棒的資源，有助於孩子們學習如何在分享資訊前先做適當的篩選（NewseumED, 2017）。

有句老話說：「看得到，就做得到。」雖然它的原意是說，人在別人監督或評鑑的情況下，會變得最有生產力，但它也可延伸到另一個概念，那就是視覺上的提醒有助於人們更容易達成目標。畢竟，就像另一句俗話說：「看不到，也就想不到。」為了提供策略的視覺提醒，好幫助學生成為更有效地使用行動設備的新聞消費者，我們創建了圖 6.2 的資訊圖表。你可以到網址 iste.org/FactVsFiction，自行下載並列印彩色版，並將它其張貼在教室或圖書館裡，以提供視覺線索給任何進門的人，提醒他們這是你在乎而且正在與學生合作的一個議題。我們希望你會覺得它對你有幫助。

是鳥，是飛機，是你的圖書館老師

2011 年，〔本書兩位作者之一的〕詹妮佛設計了一張〔如圖 6.3 所示的〕折頁傳單，以便說明〔兼具教師和圖書館員雙重身分的〕圖書館教師（teacher-librarians）所經歷的角色變化。圖書館員的重要性被忽視，以及圖書館教師職缺在全國各地學區遭刪減的現象，在過去這幾年已經引起

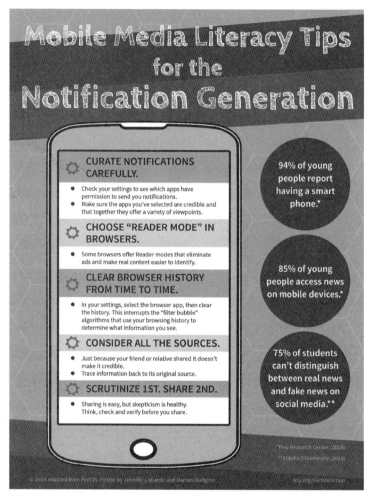

圖 6.2 現今的圖書館老師已經準備好了！你呢？（資訊圖表）

越人越多人關切，而這也成為有力的激勵來源，努力嘗試讓更多人了解學校圖書館教師的重要性。7 年後的今天，關於圖書館教師及其對學校師生價值的刻板印象依舊存在，但是學校和年輕學子對這些專業人士的需求比過往更大。除了作為閱讀上的學習榜樣，致力於讓圖書館藏更與時俱進且豐富之外，圖書館老師也是原生資訊的專家。

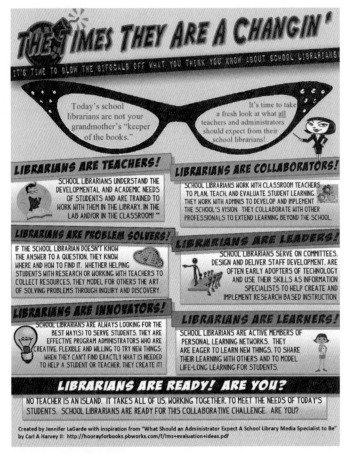

圖 6.3 神奇雙胞胎超能力，激活！現今的圖書館老師已準備好了，他們將幫助你教導學生數位時代的媒體素養。（折頁傳單）

　　擁有專門學位的學校圖書館教師是訓練有素的資訊渠道，可幫助校內師生獲取資訊的最佳來源，也可幫助他們成為資訊的獨立研究者和評估者。同時，圖書館教師也可協助師生本身變成具有可信度的資訊來源。此外，圖書館教師服務校內所有學生，對整體課程的了解不侷限於個別科目。

　　所有這些都表明，課堂教師和圖書館教師是抗擊假新聞的絕佳組合。圖書館教師可以〔也確實〕在固定的圖書館課程中教學生識別假新聞，課堂教師也確實可把班上學生帶到圖書館學習相關技能，但能夠發揮最大教學成效的是兩者之間的協同合作。以下是圖書館教師〔作為課堂教師的媒體素養教學夥伴〕可以做的一些事情：

- 指認**課綱範圍內的教學機會**，以便在符合教學現場需求與限制的情況下整合媒體素養教育。

- 指認同時有助於內容和媒體素養教育的**數位和印刷資源**。

- **與課堂教師共同教學**，合二人之力，為學生提供探索、實驗和應對新挑戰的資源。

- **將科技應用於協助學生學習**，並協助與此相關的管理工作。

- 在所教課程與學生在其他課堂學習的內容之間**建立某種聯繫**。

- 幫助學校師生與其他學習者和專家建立聯繫，**將學習範圍擴展到教室的空間之外**。

- 協助**評估學生的學習成果**並**指導學生如何精進**。

- 協助教師課後反思並評估媒體素養課程的成效，以便後續教學還可以變得更好。

　　媒體素養教學不只是圖書館教師的工作而已，更是他們的核心技能。鑑於有時老師們會說在自己課程裡納入媒體素養──作為教學內容的一部分──有這樣或那樣的困難，那麼何不試試和受過專門訓練的人一起迎向這些挑戰？是的，學校圖書館員當然會辦理借還書，會說能夠幫助學生成長的故事來培力和啟發學生，但他們也一定願意成為學校老師的夥伴，一起幫助學生因應這個資訊爆炸的世界。

在爲本章收尾的時刻，我們希望讀者最大的收穫是了解到這一點：我們面對問題的最大資源就是彼此的同心協力。在下一章，你將看到其他教育工作者如何利用本章提供的資源和同事（包括學校內與外）的支持，爲學生創造有意義的學習體驗。假新聞必敗無疑，不只因爲老師和圖書館員聯手出擊的強大力量，也因爲在他們教導下，學生將擁有擊潰假新聞所需的技能。

習作

1. 本章有哪些資源是你想要分享給其他教師的？你在本章得知的其中之一
   或更多資源，你會想用何種方式與你的學生一起應用？

2. 你的媒體素養課程會以何種方式納入一些「通知世代」所需的技能？

3. 用推特聯繫我們！課堂教師和學校圖書館教師如何與教職員生一起對抗
   假新聞的問題？請分享你的成功經驗，讓大家從中有所成長。

與我們分享你的想法和反思：@jenniferlagarde and @dhudgins #factvsfiction

第7章

實戰經驗

　　假新聞網站多到數不勝數，因為假新聞有很多種類，以及假新聞本身的有機特質。如我們在前面幾章討論過的，除非你談論的是諸如《洋蔥》（*The Onion*）或《麥片》（*The Oatmeal*）的那種純反諷，很少網站或文章內容是 100% 不實的。這是因為虛假資訊的供應者知道，在誤導或造假內容裡摻雜一些事實，可以達到兩個目的：一是讓讀者更可能相信通篇內容，二是讓事實查核網站難以將整篇文章或整個網站標示為虛假的。然而，我們非常清楚的是，只要假新聞產製者繼續從中獲利，這個問題只會繼續惡化下去。

答案在睡蓮的漂浮葉上

　　因此，不得不問這個問題：數量有限的教師如何能夠解決這個似乎無限大的問題？一種看待這個問題的方式是透過睡蓮漂浮葉謎題（the lily pad riddle），亦即：想像有個池塘，一開始只有一片蓮葉，但每天蓮葉數量倍增——2、4、8、16、32，依此類推。如果第 30 天的時候整個池

塘將布滿蓮葉，請問到第幾天蓮葉將布滿半個池塘？

正如 Brent Esplin 在他的網誌（部落格）寫道，大多數人會回答第 15 天。「我們的大腦自動得到這個答案（亦即第 15 天），是因爲我們習於線性思考。如果蓮葉在第 30 天將布滿整個池塘，那麼蓮葉必將在第 15 天剛好布滿半個池塘。」（2016）

當然，這不是正確答案。如果蓮葉每天數量倍增，而且整個池塘將在第 30 天布滿蓮葉的話，那麼蓮葉布滿半個池塘應該會是在第 29 天。Esplin 繼續問讀者，那麼第 15 天會有多少比例的池塘布滿蓮葉呢？他解釋說，「正確答案是，到了第 15 天，蓮葉只覆蓋 0.0031% 的池塘。事實上，就算到了第 24 天，蓮葉也只覆蓋超過 1% 的池塘而已。」（2016）

我們之所以無法正確回答這道謎題，是因爲它需要我們以指數式（exponentially），而非線性（linearly）的方式思考。而這正是當前媒體素養教育的困難所在。假新聞是指數式，而非線性的方式增長，讓我們的思維習慣很難應付。

但睡蓮漂浮葉謎題並未將環境因素考量在內。可以確定的是，乾旱、汙染或食物來源的喪失，都可能影響睡蓮漂浮葉的增長速度。而這正是我們可以介入之處。雖然個別假新聞產製者的動機有異，但財務報酬無疑是假新聞供應鏈背後最大的動力，因爲越多點擊、按讚和分享，也就等於有更多收益，我們的力量在培養批判思考能力，這能讓人們不再盲目點擊、按讚和分享假新聞。換句話說，我們可能無法控制那些產製假新聞的人，但我們可以斷絕他們的糧草。許多教師已經努力在做的正是這個部分。

當我們決定要撰寫一本處理假新聞，以及它如何影響媒體素養教育的書，我們知道除了拆解假新聞這個詞本身，以及假新聞對我們自身的影響之外，我們也想強調，認爲假新聞問題具有急迫性的第一線教師已

經開發出一些教案教材，聚焦於假新聞如何影響學生。我們將讓他們現身說法，但先提供一些脈絡：我們決定如實呈現這些訪談，而且中間不做任何打斷。你將會看到每位第一線教師對我們說的話，以及他們如何回答我們的提問。他們的經驗分享讓我們受益無窮，我們也鼓勵你在閱讀的時候，同時思考以下問題：

- 這些老師的經驗和你的經驗有何異同之處？
- 這些老師在教導年輕學子時如何處理敏感議題（例如政治）？
- 他們的經驗有哪些值得你在教學當中借鏡的？

阿莉卡‧狄更斯：圖書館員（英國倫敦）

阿莉卡‧狄更斯（Arika Dickens）目前是英國倫敦 ACS Hillingdon 國際學校的小學部門圖書館員。

你為什麼覺得有必要和學生一起處理這個問題？

假新聞一詞相當常見，甚至我那些在國際學校就讀的小四生也知道。他們都聽過假新聞一詞，也都對於如何辨識假新聞感興趣。不過，他們不太清楚「假」一詞的脈絡。假新聞是只限於謊言？抑或是可能有更多意涵？

我們可以近用科技（我們學校是每位學生配置一臺 iPad），沒有理由不教導學生網站分析、評估技巧，以及網路搜尋資料的基本技能，而這些都是可用於識別假新聞。因為我的學生大多是 9 歲孩子，我必須設法讓這個課程具有高度參與感，內容也必須適合他們的年齡。

▌可以簡述一下你的教學方式或教案嗎？

由於學生對假新聞這個主題的興趣和參與程度都很高，我使用帕奎特（Ammi-Joan Paquette）和湯普遜（Laurie Ann Thompson）合著的文學書籍《虛虛實實》（*Two Truths and a Lie*）當作課程教材。這本富有參與感、適合孩子的書，可以透過自然世界相關主題，讓學生學習如何分辨事實與虛構。

在分享這本書的內容之前，我先問學生是否知道「虛虛實實」（Two Truths and a Lie）這個遊戲，大部分學生都知道，所以我給他們有關我的三個故事，讓他們猜其中哪一個是假的。其中一個故事是「我的名字是為了紀念曾曾曾祖父輩的一位叔叔阿里克（Arik），一個維京人」，這用簡單的查核方法就能夠證明是假的。三個班級當中有兩班的學生對維京人的歷史略有所知，能夠證明上面這故事是假的（他會是非常古早時代的叔叔！）。這是這門課的跳板：使用可以被確認的知識（希望是具有多重來源）來分辨真假。

課程要旨如下：

● **第一週**：我大聲朗讀書中的章節，把它展示在教學螢幕上，讓學生可以看到詳細的照片、圖說和文本內容。我一邊讀的時候，學生可以一邊做筆記。我示範指認並寫下其中的關鍵字。他們可以記下我寫的關鍵字或是寫下自己指認出來的關鍵字；大多數學生融合兩者。

● **第二週**：這是網頁搜尋週，學生用關鍵字搜尋證實或不支持我所分享的故事的相關網頁。在〔由學生獨立或分組〕搜尋 20 或 30 分鐘後，全班一起接受有關使用關鍵字的指導教學，包括瀏覽搜尋結果、使用標籤（例如新聞）來過濾搜尋結果……等等。用學生的搜尋結果為跳板，我們探索在線上找到的資料，以及他們是

如何找到的（例如，使用布林搜尋或使用引語或字群）。在這週的教學時間內，我提示他們注意網站名稱、文章作者、出版日期和照片出處。全班的討論時段也包括查證多個網站由信譽良好的作者所撰寫的資訊。

- **第三、四週：**在進行兩週之後，學生還是意猶未盡，樂於繼續進行第三、四週的課程，並且使用《虛虛實實》一書當中的不同章節來作為研究啟發。

- **課程總結：**本單元是課程總結，全班投入製作短片，分享他們為了分辨假新聞而在搜尋網頁時學到的訣竅。當然，課程總結可以用這種方式進行，是因為學校為學生配置了每人一臺 iPad。

學習心得

上完這些課程後，學生有三項主要學習心得如下：

- 需要查證一個以上的可靠網頁提供的資訊。
- 仔細察看網址的重要性不容小覷。
- 谷歌搜尋框下方的工具列有其妙用。

學生也從中學到如何將搜尋結果限定在新聞類別，以下是他們的現身說法：

- 「我們發現一個搜尋妙法，是將想要搜尋的詞語加上引號。」

- 「維基百科是事實查核的好去處，只要你能保證也查證其他網站。因為任何人都能修改〔維基百科的〕內容，如果你做不到多方查證，維基就不是那麼好了。」

- 「我們仔細察看能夠確認事實真假的不同網站。」

- 「使用這本書的要訣是，在搜尋你想要知道的事物時，鎖定『新

聞』類別。這裡，當我搜尋『蠑螈寶寶』時，可以得到非常值得信賴的有關蠑螈的網站。」（她提供的短片展示她所說的每個新聞網站和新聞標籤。）

● 「我從維基百科學到的東西是它可以給你非常有用的資訊，而且它是由許多人共同協作完成的。」

● 「另一種方式是檢視是誰製作的網站。發現西北太平洋章魚的人叫做 Zapato，這個網站的名字是 zapatopi.net。所以，它可能不太可信。所以在你做出判斷前應該檢視比較兩個網站。」

● 「有個方法可辨識它是假新聞：檢查這裡〔指著該網站的網址〕或是檢視一個以上的網站。如果其中有兩個網站說的是同一件事，但第三個網站說的完全不同，那麼它可能就是假新聞。」

▋你有任何訣竅可以提供給教師嗎？

我有一些學生不是以英語為母語，需要額外的支持，提供他們某種小團體的作業方式是很關鍵的。在獨立研究時段，我會特別關照那些需要額外協助的學生，和他們一起做關鍵字搜尋，一起分析和評估網站。

▋你從學生、家長、教師和行政人員那裡得到哪些回應？

學生非常喜歡這個單元，他們想要繼續做這方面的研究！他們對新聞標題不一定說實話這件事情感到震驚。他們真的學會用引號來做精確詞語的搜尋。

對於學生在這個單元的學習成果，不同部門的行政人員和教師都非常歡喜，也感到驚訝：他們感到驚訝於這是可以教給小學低年級學生的東西，但覺得使用《虛虛實實》這本書來幫助搜尋的教學方式具有新意。結果，從我 2017 年底任教以來，這個單元一直被我們技術部門視為數位素

養教學的範例。

因爲這是一所國際學校，我少有機會見到學生家長。不過，因爲我們使用 Seesaw 來分享工作和新聞通訊，我分享了我們學習實況的照片，也分享了學生課後檢討的影音。有位家長寫道，她小四生的兒子「愛死了《虛虛實實》！」另一位家長這樣評論她小孩攝錄的課後檢討影音：「你過濾資訊的方式讓我印象深刻，學會這個技能太棒了，因爲你永遠會需要它。」第三位家長說，「〔孩子〕這些資訊都好棒！你的解說也非常棒！我必須好好記住這些訣竅，以後搜尋資料時會用到。謝謝你喔！」

萊恩・布萊恩：圖書館技術系統管理員（美國科羅拉多州丹佛市）

萊恩・布萊恩（Len Bryan）目前是丹佛公立學校圖書館技術系統管理員，曾任教於奧瑞岡州 Hillsboro 市，在多所學校（4 所高中、4 所初中、2 所另類學校，以及 25 所小學）服務過。他曾教過中學生英語，擔任過運動教練，也曾擔任中學圖書館的管理員。

▌你為什麼覺得有必要和學生一起處理這個問題？

Joyce Valenza's 的部落格文章〈眞相、眞實性與三角測量：「後眞相」世界亟需的新聞素養工具箱〉（November 26, 2016）適時發表，讓我和大多數美國人一樣在 2016 年總統大選後感到驚駭不已，無法理解到底這個國家是怎麼回事，思索除了出走加拿大之外自己還可以做些什麼。我知道學生（以及成年民眾）困擾於如何從黨同伐異的噪音中篩選出眞實資訊，而且人們對媒體素養存在著基本誤解，也是導致當前困境的一大原因。作爲一個政治立場上相對中立的人，我知道問題出在政治分裂中的對立兩端（而且存在已久）。我覺得有公民責任去盡一己之力，協助教

師和學生了解新聞素養可以應用在社會研究、英語學習及其他的許多課程，而且是攸關民主存續的重要技能。我想要在我們的社會推進公民論述，我從未停止搜尋對教師和學生有幫助的參與材料：假新聞和媒體素養毫無疑問地是我個人想要應對的議題。

▋可以簡述一下你的教學方式或教案嗎？

好消息是我最初接觸的教師，都非常願意接受必須在學校教育中導入資訊和新聞素養的觀念。他們通常會有的疑問，例如：「我們要如何在教學中導入〔資訊與新聞素養〕？」我的建議依主題而定。為社會科教師準備的是，我們比較第二次世界大戰的宣傳，與最近選舉期間由政治行動委員會（political action committees）、候選人和政黨所做的當代宣傳。此一比較聚焦於宣傳和政治廣告中的錯誤資訊和虛假資訊，它們訴求的是情感，而非理智。對英語教師而言，新聞與資訊素養和共同核心州立標準計畫（Common Core State Standards Initiative）吻合，包括作者的意圖、語言、用字、語調，和其他更多面向的學習。

我首先會在教師專業成長培訓活動中，為老師們講解新聞素養，接著在一、二個學期內應邀到許多中學老師的課堂，直接對學生講授資訊與新聞素養。我們會檢討教學成效，包括進行有趣的 Kahoo! 問答遊戲，測驗學生對新聞素養的基本知識，然後進一步教導一些有助於辨識錯誤資訊和虛假資訊的技巧。（你可參考使用 Len's Kahoot! 問答遊戲，網址是：bit.ly/2KBIgHa。）

接著，我們分析一些在極端教義的左派和右派網站找到的「新聞」，可以在凡妮莎・奧特羅彙整的「媒體偏見示意圖」（Media Bias Chart，見表 6.1）看到這些不同政治光譜的網站，從中鍛鍊辨識錯誤資訊和虛假資訊的技巧。

▌學習心得

學生樂在其中，樂於批判分析家人和朋友透過社群媒體分享的一些文章是否屬實，也展現有能力相當嚴肅、成熟地討論他們的發現。

我發現，孩子們甚至比許多成年人更沒有先入為主的偏見！

▌你有任何訣竅可以提供給教師嗎？

今後幾年我想要擴展這種教學範圍，納入網路迷因（memes）和其他熱門、簡短形式的資訊。

我認為，關注媒體素養並與教師、學生分享相關知識，開啓了一扇協同合作的大門，特別是社會科教師過去可能沒有這麼好的機會。英語課程一直有得到來自圖書館老師的支援，而且將假新聞現象視為一大教學契機，有助於我打破過往的教學常規。

▌你從學生、家長、教師和行政人員那裡得到哪些回應？

對於有機會和學生討論相關議題，老師們大多感到興奮，他們也相當歡迎「客座講者」到課堂上和他們一起合作教學。學生們也樂在其中，特別是因為我們討論的是當下正在發生的社會事件。

比爾・費里特：教師（美國北卡羅萊納州埃佩克斯鎮）

比爾・費里特（Bill Ferriter）是北卡羅萊納州埃佩克斯鎮六年級學生的班級導師，你可以透過推特帳號 @plugusin 聯絡他。

▌你為什麼覺得有必要和學生一起處理這個問題？

我強烈覺得素養必須包括培養具有敏銳度和責任感的公民，以因應越

來越複雜的世界,而這勢必包括有能力指認可信與不可信的資訊來源。

▌可以簡述一下你的教學方式或教案嗎?

對我那群六年級學生來說,我試著簡化教學內容。我要求學生思考以下問題:

- 這則新聞故事可信嗎?
- 我對這則新聞的來源知道多少?
- 我是否能察覺到這則新聞當中有任何帶有特定觀點的字詞或照片?

我強調這三個問題,因為它們提供了簡單的資訊篩選機制,而且應用起來毫不費力,這意味著它們更可能變成習慣的一部分,被學生用於審慎評估新聞來源的品質。如果我提供的是比較複雜的機制,學生較不可能經常使用。這裡提供的方式,對孩子們來說都沒有難度。

我也想要強調常識的重要性,可用於篩選新聞來源的可靠程度。這是負責任公民理當使用的基本工具,特別是在判斷一件事是否可信的時候,而且它鼓勵懷疑的精神──在這個越來越偏倚的世界裡,這是面對任何資訊時應有的健康態度。

教學生這些技能也不困難。我故意分享帶有偏見的文章給班上學生,每三個月分享三或四次,並且事先讓學生知道這些是帶有偏見的文章,接著要求他們找出文章裡有哪些偏見。這個教學活動每次花不到 10 分鐘,這也意味著我會一直進行這種教學。教學頻率是基本因素,可以強化核心觀念,亦即假新聞是學生必須了解的重大課題。

▌你從學生、家長、教師和行政人員那裡得到哪些回應?

中學生喜歡這些教學活動。他們一開始對在網路上散播這些假新聞的

人竟然可以「逍遙法外」一事感到驚訝,後來他們強烈覺得這些文章的作者「不公正」,而這讓他們感到困擾。一旦他們知道有一套簡單的工具可以「回擊」,他們就會有使用這些工具的決心。他們把這看作是大是大非的事:逮住騙子,防止再有人被騙。

我想,這很簡單明瞭,如果孩子們從小就能堅守對於資訊公正與誠實的承諾,我希望他們在長大後也會繼續遵循這些原則。

▌你有任何訣竅可以提供給教師嗎?

我能提供的最大建議是「即刻開始!」

假新聞是這個世界面臨的重大課題。對於有人在刻意操縱他人的想法,這一點令人感到毛骨悚然。民主政治有賴於受過教育的人民;我們一直都對此心知肚明。不幸的是,我們所近用的資訊變得越來越不可信,導致作為人民的我們無法做出明智的決定,除非我們從小培養孩子們具備仔細檢視與篩選錯誤資訊的能力。

在第一線努力的教師們

上述這些第一線教育工作者如阿莉卡、萊恩和比爾等人的努力,讓我們深受鼓舞,他們沒有坐等學校課程趕上學生的需求。相反地,這些教師和圖書館員和許多其他第一線教育工作者一樣,為了培養各年齡層學生而「超前部署」,提前安排許多有意義的教學活動,幫助學生因應今後的需要,特別是比過去更加重要的媒體素養。

雖然上述三位教育工作者教導的是不同情境下的世界各地的學生,你可能可以發現其中的共通之處。最耀眼的是急迫感,驅使他們實踐媒體素養的相關教學活動。萊恩所言,讓我們深有同感:「我覺得有公民責任去盡一己之力,協助教師和學生了解新聞素養可以應用在社會研究、英語學

習及其他的許多課程,而且是攸關民主存續的重要技能。」和萊恩、阿莉卡和比爾一樣,全世界各地發生的很多事件讓我們覺得必須付諸行動,而我們非常感佩那些在第一線默默努力的教師們,他們的努力成果攸關我們每一個人。我們或許不能改變池塘裡睡蓮漂浮葉的數量,也就是假新聞製造者的人數,但這些教育工作者的努力,證明我們可以改變學生評估網路資訊的方式。我們可以改變我們思考媒體素養的方式,作為核心課堂的一部分。我們也可以把我們的工作當成改變環境的一份努力,改變睡蓮漂浮葉目前得以繁榮的環境條件。

習作

1. 這些教育工作者和你自己的經驗有哪些異曲同工之處？他們的經驗當中有哪些部分，可以應用在你自己的教學活動？

2. （本章所述的）這些教育工作者所分享的哪些教學活動，可以進一步調整並應用到行動裝置使用的情境裡？你會如何和學生一起執行這些調整，如果不是每位學生都擁有行動裝置？

3. 用推特聯繫我們！你會想對本章介紹的每一位教育工作者提出什麼問題呢？你也可以透過推特向他們提問或公開喊一聲，但別忘了加上 #factvsfiction 這個主題標籤喔！

與我們分享你的想法和反思：@jenniferlagarde and @dhudgins #factvsfiction

第8章 批判思考從未如此重要

　　如果你在 2017 年 4 月初登入臉書，可能會看到一則通知，提醒你臉書推出了新的「辨別假新聞要訣」（Tips to Spot False News）（Costine, 2017）。雖然這項通知只出現幾天時間，但它是這家社群媒體巨頭採取的幾項措施之一，包括提供讀者檢舉網路上被廣泛分享的可疑資訊，為的是對抗創辦人祖克柏（Mark Zuckerberg）在一開始就曾否認存在的問題（Shahani, 2016）。在這些提供給社群媒體用戶的新資源推出之際，我們注意到雖然某些像是刪除機器人帳號及背後的獲利動機等工作是在幕後進行，最要緊的工作仍有賴於用戶建立更好的策略，用以辨識事實與網路虛假訊息——並且應該隨時發現就予以檢舉。

　　有趣的是，該策略也反映了我們對最終將如何解決當前面臨的媒體素養危機的看法。皮尤研究中心（Pew Research Center）2017 年的一項民意調查，要求受訪者預測未來 10 年內的資訊格局是否會改變，從而使誤導或偏倚的資訊的傳播更加困難。調查結果幾乎平分秋色，有 51% 的人不相信網際網路在未來 10 年內會是尋求真相的好地方（Anderson & Rainie, 2017）。然而，那些對未來持樂觀和悲觀態度的人都同意：其結果，將取

決於使用網際網路的人,而非當初創造發明網際網路的人。簡單的說,我們能否成功地建立一個真相可以勝出的世界,完全取決於我們。當然,這也是你可以盡一份心力的地方。

教育工作者:假新聞的剋星

當我們與教育工作者合作時,我們圍繞假新聞主題的討論,通常聚焦在三個核心問題:

- 當許多老師的社群媒體帳號裡的動態更新充斥著假新聞、宣傳和高度偏頗的材料時,學生是很難學習媒體素養的。

- 很難教導學生如何識別假新聞,因為我們根本沒有時間,而且也沒有證明有效的教學方式。

- 在不觸及政治的情況下,很難教給學生有關假新聞的知識。這個主題可能會使教育工作者感到不自在,或是可能擔心遭到來自家長、校方行政管理人員,或是兩者的反對。

讓我們更仔細地探討每個問題。

▊照我們說的做,而不是照我們做的做?

當我們自己的動態更新裡充斥著宣傳、有所偏倚的材料和其他假新聞時,我們如何有效地提升學生的媒體素養?不能!請學生按我們說的去做,而不是照我們做的那樣做,只會釀成災難。請記住,本書分享的資源不僅對學生有用,它們還可以幫助教育工作者評估和提高自己的媒體素養技能,而這些技能也越來越成為必要的公民技能。我們鼓勵教育行政管理人員在教師會議或專業發展培訓場合,與老師一起複製史丹福大學歷史教育小組媒體素養研究中交付學生的任務(詳見第 6 章)。無論結果如何,應該會大多是有利無害的。

〔本書作者之一的〕詹妮佛為教師們創造了一個長期的**突破教育體驗**（Breakout-EDU experience）（圖 8.1），聚焦於假新聞、媒體素養，以及我們作為教育工作者可以做的一切，以支持學生成為一個數位時代的公民，以便因應這個我們無法信賴線上資訊的世界所帶來的挑戰。

同時運用數位化和實體的突破教育策略，這種體驗讓教師沉浸於許多資源中，為的是幫助他

圖 8.1　解鎖足以完勝假新聞的技能！突破教育體驗對教師也有幫助。

們磨練自身技能，並發現可以與學生一起運用的新策略。很多參與此一專業發展工作坊的教育工作者都有類似的收穫，反映了一個基本事實：我們有很多工作要做，而且我們可以做到！這些免費資源可供自由使用或下載，網址是：www.librarygirl.net。你還可從中找到答案及資源清單，你可自行調整或複製後用於員工培訓或專業學習社群。

不論是否公平，作為教育工作者，我們通常被視為社區的領導者。我們在網路上發布的內容，應該示範社群媒體如何成為與他人聯繫和分享資訊的積極工具，並且對我們的集體知識有所裨益。儘管某些地區的社群媒體政策可能另有規定，但我們認為教師沒有義務保持政治中立。我們相信，如果我們選擇線上分享可以傳達自身政治（或其他）信念的資訊，那麼教育工作者也絕對有責任確保這些資訊必須經得起事實查證。

在時間限制下沒有機會嘗試的教學

北卡羅萊納州教師比爾・費里特（Bill Ferriter）在他的部落格「適度

激進」（*The Tempered Radical*）中寫道：

> 我們不需要科技公司的新政策和工具來識別網路上的粗略內
> 容，我們真正需要的是培養能夠謹慎查核在網路上任何地方接
> 觸到的信息是否可靠的公民。這是當今複雜的媒體生態中的新
> 素養，也是我們在學校中太少關注的新素養。（2016 年）

　　儘管這是事實，但這並不是因為在標準中沒有提到資訊素養。
《ISTE 學習標準》和《共同核心素養州立標準》（the Common Core
State Standards for Literacy）都有特別強調媒體素養所需的技能（圖 8.2）。

　　這些標準，以及許多州立標準裡對媒體素養的強調，如有必要，可以
用來捍衛並爭取與媒體素養相關課程的教學時間。但是，除此之外，你必
須勇敢地相信：

- 並非所有的教學都必須看起來像考試，或是為了考試的目的。
- 雖然幫助學生在單一、被高度強調的考試那一天做好準備，是你
  工作當中重要的一部分，但幫助學生為考前與考後的每一天做好
  準備，是更加重要的工作。

▌讓人不舒服的敏感話題

　　對家長和校方排斥敏感話題的顧慮是真實存在的，我們並不打算對此
視而不見。但是，正如我們在第 7 章中所看到的，有一些範例可以參考，
幫助教師學習如何與學生以相互尊重的方式進行對話，並且應該強調資訊
來源，而非個人的可信度。這個世界充滿令人感到不舒服的話題，我們都
需要與年輕學子進行這些艱難討論，並且選擇適當時間和地點。但是，
我們無法教孩子如何做選擇，但卻不給他們有真正做選擇的機會。換句話
說，如果我們不教導學生，教他們與不同經驗和思想的人進行文明和彼此

《ISTE 學習標準》部分內容節錄：

2B：有效地**傳播資訊與觀念**，強化學生使用各種媒體和格式的能力。

3B：鎖定、組織、分析、**評估、整合**，並且符合倫理地使用來自各種來源和媒體的**資訊**。

3C：以基於適合特定需求的方式，**評估與選擇資訊來源**和數位工具。

資料來源：From the *ISTE Standards for Students* (2016)。若要參考《ISTE 學習標準》的完整內容，請訪問網址：https://www.iste.org/standards/for-students

---

《共同核心素養州立標準》部分內容節錄：

CCSS.ELA- LITERACY.RH.6-8.6

指認一個文本中透露**作者觀點或目的**的面向（*例如：使用的語言，刻意納入和排除特定事實*）。

CCSS.ELA- LITERACY. RH.6-8.8

在一個文本裡識別出其中的事實（fact）、**意見**（opinion）**和有根據的判斷**（reasoned judgement）。

CCSS.ELA-LITERACY. RH.11-12.8

在評估**作者的前提、宣稱和證據**時，參照其他足以證實或挑戰它們的資訊。

CCSS.ELA-LITERACY. RI.7.6

在一個文本中，判斷**作者的觀點或目的**，分析作者是如何區分他自己和別人的**立場**。

CCSS.ELA-LITERACY. RI.7.8

追蹤並評估一個文本裡的**論點和特殊宣稱**，評估它的理由是否合理，它的**證據是否相關和充分**？

CCSS.ELA-LITERACY. RI.7.9

分析撰寫同一主題文章的兩位以上作者，是如何呈現主要資訊的，是如何**透過不同證據或事實詮釋的強調而自圓其說**的？

圖 8.2 《ISTE 學習標準》和《共同核心素養州立標準》，有助於教師參考並用於教導不考試但非常重要的內容。

尊重的對話，誰教？我們知道，生活在當下這樣一個世界中，人們在網路上彼此已經很少表現出相互尊重（而且當面的情況裡也越來越是如此）；但如果希望我們的學生比我們過得更好，就必須教他們怎麼做。

再者，真相本身其實並不偏袒任何黨派。所謂「另類事實」（alternative facts）之類的東西，並不存在。不同的人可以用同一事實來支持不同的觀點，但事實是同一個事實，不會改變。不同的人也可以用同一事實來強調相互矛盾的觀點，或是用於支持不同的主張，但是事實還是同一個事實。事實無黨派之分，因為它本身是中立的，是我們自身對待它的方式滋生偏頗和爭議。我們認為，不誇張地說，真相與那些為謀利而歪曲它的人之間，正在展開一場戰鬥。這場戰鬥，也就是為什麼這場對話這麼重要——關於什麼是真相，以及關於哪些是為了特定目的被創造且看起來像是真相的東西——但也會很痛苦。在支持或反對根深蒂固的信念時，可能觸發人們情緒化，甚至爆炸性的反應。再加上，由於許多這樣的對話發生在鍵盤之上，情況很容易失控、變調。

我們相信，學校課堂和圖書館對於學生（和教師）來說，應該會是學習如何駕馭這些潛在風險的安全場所，但前提是我們自我提升為真相的捍衛者。你投票給誰，或在一些議題上抱持何種立場，都無所謂。作為一名教育工作者，你必須是真相的戰士，你的專業實踐是假新聞（以及那些想藉傳播假新聞獲利的人）的剋星。

讓我們來做這個！

每年，網頁設計公司 Go Globe 都會製作「網路上每 60 秒發生什麼」資訊圖表的更新版本。每年，這個更新版的資訊圖表都令人震驚。在 2017 年，每 60 秒就有超過 400 小時的影音視頻被上傳到 YouTube，超過 6 萬 5,000 張新照片被發布到 Instagram，而且有超過 25 萬則影音視頻被

上傳到臉書。每一分鐘喔！我們每天面對的資訊量令人瞠目結舌。如此龐大的資訊量，再加上操縱資訊以獲取收益或利潤的方式，對於第一線的教育工作者而言，不論已經準備好或沒有準備好參加這場戰鬥，都是一項艱鉅的任務。

本書分享的資源是一個很好的起點，正如你也可以為將來的工作提供支持。同樣地，好消息是你不必孤軍奮戰。除了有學校的圖書館老師可以協助你之外，還有許多來自外部的支持。在你閱讀本章的同時，大量的新資訊也在被創造出來，毫無疑問地，有助於你和你的學生更機敏地瀏覽資訊的新資源也在其中。再者，儘管新傳播科技讓人與人的連結關係變得越來越複雜，但它們也是我們可以用來和戰友們聯繫的工具。我們今後的任務很艱鉅，但也很重要。最終來說，我們對結果抱持著樂觀態度，因為我們相信教育工作者擁有改變世界的力量。

習作

1. 明天，你可以做一件什麼事情來開始幫助學生，讓他們未來得以優遊於這個有大量資訊被當成新聞分享的網路世界，讓他們知道不應輕信這些資訊？

2. 你已經讀過這本書（也許還有一些別的書）。你已經與同事聊過，也諮詢過你的專業學習社群。你已經規劃相關課程，並且準備繼續前進。你將如何衡量成功？你將如何知道學生已掌握他們所需的技能，能夠從他們消費的資訊中辨識真假？

3. 用推特聯繫我們！你還有什麼問題尚未解決？為了繼續進行這項工作，你還需要打造些什麼（資源、學習空間或關係）？

與我們分享你的想法和思考：@jenniferlagarde 和 @dhudgins #factvsfiction

參考書目

Above The Noise. (2018, January 24). *Are internet trolls born or made?* [Video file]. Retrieved from bit.ly/2oljH8b

ALA (Ed.). (2011, August 19). *Banned Websites Awareness Day.* Retrieved from www.ala.org/aasl/advocacy/bwad

Anderson, M., & Jiang, J. (2018, May 31). Teens, social media & technology 2018. Pew Research Center. Retrieved from pewrsr.ch/2onpHwU

Anderson, J., & Rainie, L. (2017, October 19). The future of truth and misinformation online. Pew Research Center. Retrieved from pewrsr.ch/2N6PuYe

Argen, D. (2017, September 21). Frida Sofía, age 12: the Mexico City quake "survivor" who was never there. *The Guardian.* Retrieved from http://bit.ly/2N4ojom

Associated Press. (2018, September 21). Trapped girl's wiggling fingers captivate Mexico after earthquake. NBC News. Retrieved from nbcnews.to/2N4kFDI

Ault, S. (2015, July 23). Digital star popularity grows versus mainstream celebrities. *Variety.* Retrieved from bit.ly/2N1r965

BBC News. (2017, June 25). *Prices for fake news campaigns revealed.* Retrieved from https://www.bbc.com/news/technology-40287399

Ben-Ghiat, R. (2016, August 10). An American authoritarian. *The Atlantic.* Retrieved from bit.ly/2LLTSau

Bialik, K., & Matsa, K. E. (2017, October 4). Key trends in social and digital news media. Pew Research Center. Retrieved from pewrsr.ch/2ojCNLM

Bloomberg. (2018, February 27). Why "success" on YouTube still means a life of poverty. *Fortune.* Retrieved from https://for.tn/2N3vUMK

California State University. (2010, September 17). *Evaluating information— applying the CRAAP test.* Retrieved from http://bit.ly/2N3c7wH

Casad, B. (2016, August 1). Confirmation bias. In *Encyclopedia Britannica online*. Retrieved from bit.ly/2N3keth

Claburn, T. (2017, August 25). Ad blocking basically doesn't exist on mobile. *The Register*. Retrieved from bit.ly/2omApEo

Clickbait. (2018, September 1). In *Merriam-Webster's online dictionary*. Retrieved from https://www.merriam-webster.com/dictionary/clickbait

Conspiracy Theory. (2018, September 1). In *Merriam-Webster's online dictionary*. Retrieved from https://www.merriam-webster.com/dictionary/conspiracy theory

Costine, J. (2017, April 6). Facebook puts link to 10 tips for spotting "false news" atop feed. *Tech Crunch*. Retrieved from https://tcrn.ch/2No4rvs

Cottrell, M. (2016, December 16). Hate incidents in libraries spark a renewed commitment to serve all. *School Library Journal*. Retrieved from bit.ly/2MXBG2t

Crook, J. (2015, February 9). Snapchat selfie at scene of alleged crime is key evidence in murder case. *Tech Crunch*. Retreived from 9 Feb. 2015, tcrn.ch/2N1mKjz

Daly, C. B. (2017, April 28). How Woodrow Wilson's propaganda machine changed American journalism. *Smithsonian*. Retrieved from bit.ly/2onrfqZ

Dator, J. (2016, November 22). Facts don't matter [Cartoon]. *The New Yorker*. Retrieved from https://www.newyorker.com/cartoon/a20602

Daum, M. (2013, March 7). Daum: Online's "nasty effect." *Los Angeles Times*. Retrieved from lat.ms/2NocwA3

Dickinson, T. (2016, December 5). Fake news is lazy language [Tweet]. Retrieved from https://twitter.com/7im

Disinformation. (2018, September 2). In *Merriam-Webster's online dictionary*. Retrieved from https://www.merriam-webster.com/dictionary/disinformation

Duggan, M. (2017, July 11). Online harassment 2017. Pew Research Center. Retrieved from pewrsr.ch/2onb5Oa

Edelman, R. (2018, February 12). *Edelman trust barometer*. Retrieved from https://www.edelman.com//trust-barometer

Elizabeth, J. (2017, July 25). Why Snopes matters. American Press Institute. Retrieved from bit.ly/2N1smu9

Esplin, B. (2016, February 5). The expanding lily pad: A retirement riddle [Blog post]. *The Micawber Principle*. Retrieved from bit.ly/2N6Qwn4

Explorable.com (2010, September 4). *Confirmation bias*. Retrieved from https://explorable.com/confirmation-bias

Ferriter, W. (2016, November 21). What are you doing to teach students to spot fake news stories? [Blog post]. *The Tempered Radical*. Retrieved from bit.ly/2N1ywe4

File, T. (2017, May 10). Voting in America: A look at the 2016 presidential election [Blog post]. Census Blogs. Retrieved from bit.ly/2MZk5a9

Fox, M. (2018, March 8). Fake news: Lies spread faster on social media than truth does. NBC News. Retrieved from nbcnews.to/2NbShzK

GO-Gulf Web Design Company. (2017, August 21). *Things that happen on the internet every 60 seconds* [Infographic]. Retrieved from bit.ly/2okvB23

Green, M. (2017, January 24). No comment! Why more news sites are dumping their comment sections. KQED News. Retrieved from bit.ly/2N3loGH

Gu, L., Kropotov, V., & Yarochkin, F. (2017). The fake news machine how propagandists abuse the internet and manipulate the public. *Micro Trend*. Retrieved from bit.ly/2MZvoAO

Hawkins, D. (2017, June 8). Sandy Hook hoaxer gets prison time for threatening 6-year-old victim's father. *The Washington Post*. Retrieved from wapo.st/2oj81CS

Hawkins-Gaar, K. (2013 April 3) 36 stories that prove citizen journalism matters. CNN. Retrieved from cnn.it/2wzbdOf

History. (2009). *Oklahoma City bombing*. Retrieved from bit.ly/2wyjxxZ

Information. (n.d.). In *Oxford Living Dictionaries*. Retrieved from https://en.oxforddictionaries.com/definition/information

Irving, C. (2018, January 12). Trump's war on the press follows the Mussolini and Hitler playbook. *The Daily Beast*. Retrieved from thebea.st/2NF36ro

Izadi, E. (2017, March 10). Chinese media fooled by Borowitz Report. Is this kind of "satire" okay in a fake-news era? *The Washington Post*. Retrieved from https://wapo.st/2olqcaX.

Knight, J. L. (2016, May 11). News goes mobile: How people use smartphones to access information. *Medium*. Retrieved from bit.ly/2onHXXe

Kolbert, E. (2017, February 2). Why facts don't change our minds. *The New Yorker*. Retrieved from bit.ly/2N4gWWw

LaGarde, J. (2011, July 25). Librarians are ready. Are you? [Blog post]. *The Adventures of Library Girl*. Retrieved from bit.ly/2MZ5fR4

Lance, K. C. (2014, February 11). The impact of school librarians and library programs on academic achievement of student [Blog post]. *Keith Curry Lance*. Retrieved from bit.ly/2olIJ72

Lance, K. C. (2018, March 16). School librarian, where art thou? *School Library Journal*. Retrieved from bit.ly/2N8KWAZ

Leswing, K. (2018, April 3). Facebook is finally launching a new feature to combat fake news, after six months of testing—here's how it works. *Business Insider*. Retrieved from read.bi/2N1sOsl

Lewis, P. (2018, February 2). "Fiction is outperforming reality:" How YouTube's algorithm distorts truth. *The Guardian*. Retrieved from bit.ly/2MZKOU9

Lindberg, M. (2016, November 28). The Trump effect: The impact of the 2016 presidential election on our nation's schools. Southern Poverty Law Center. Retrieved from bit.ly/2onc54S

Madden, M., Lenhart, A., & Fontaine, C. (2017, February). How youth navigate the news landscape. Knight Foundation. Retrieved from bit.ly/2No5taO

Markham, T. (2016, November 16). Why empathy holds the key to transforming 21st century learning. NPR. Retrieved from bit.ly/2ojFeoS

Meserole, C., & Polyakova, A. (2018, May 25). The West is ill-prepared for the wave of "deep fakes" that artificial intelligence could unleash. Brookings Institution. Retrieved from https://brook.gs/2N1im4l

Morton, B. A., & Dalton, B. (2007). Changes in instructional hours in four subjects by public school teachers of grades 1 through 4. *Stats In Brief, 2007*(305). Retrieved from https://nces.ed.gov/pubs2007/2007305.pdf

Mullany, G. (2017, September 21). No child trapped in rubble of Mexican quake-hit school, officials say. *The New York Times*. Retrieved from nyti.ms/2N4qpx6

Nazi Propaganda. (2016, May 10). In *Holocaust Encyclopedia*. Retrieved from bit.ly/2ondiJs

National Center for Educational Statistics. (2017). *Back to school fast facts.* Retrieved from bit.ly/2MZL71f

National Center for Fair and Open Testing (Ed.). (2007, October). *New evidence strengthens claim that testing narrows curriculum.* Retrieved from bit.ly/2olY3R3

National Historical Publications & Records Commission [NHPRC]. (n.d.). From Benjamin Franklin to [Richard Price], 13 June 1782. National Archives Retrieved from bit.ly/2wxgwPj

National Historical Publications & Records Commission [NHPRC]. (n.d.). Supplement to the Boston Independent Chronicle, [before 22 April 1782]. *National Archives*, Retrieved from bit.ly/2wxgwPj

Newcomb, A. (2018, February 22). How Parkland's social media-savvy teens took back the internet—and the gun control debate. NBC News. Retrieved from nbcnews.to/2MYgtW4

NewseumED. (2017, May). *Is this story share-worthy? Flowchart.* Retrieved from bit.ly/2I2CUD5

Noticieros Televisacom. (2017, September 21). In *Facebook* [Group page]. Retrieved from bit.ly/2olpyKt

Noel, A. (2017, September 21). Mexicans outraged after praying for fake "trapped child." *The Daily Beast*. Retrieved from https://thebea.st/2 Newrvg

NOTIMEX. (2017, September 21). Frida, la perrita que busca sobrevivientes tras el sismo. Retrieved from bit.ly/2onuXAE

November, A. (1995). Teaching Zack to think. November Learning. Retrieved from bit.ly/2N1zs24

November, A. & Mull, B. (2012, October 18). Why more schools aren't teaching web literacy—and how they can start. November Learning. Retrieved from bit.ly/2NicgMZ

Otero, V. (2018, June 7). Junk food and junk news: The case for "information fitness." Ad Fontes Media. Retrieved from bit.ly/2N2ubXS

Parkinson, R. G. (2016, November 25). Fake News? That's a very old story. *The New York Times*. Retrieved from wapo.st/2LH5jAk

Perrin, A. & Jiang, J. (2018, March 14). About a quarter of U.S. adults say they are "almost constantly" online. Pew Research Center. Retrieved from pewrsr.ch/2N2vEgQ

Persio, S. L. (2017, September 22). Mexico earthquake: Who is Frida Sofia? Mexican authorities just don't know. *Newsweek*. Retrieved from bit.ly/2N3CJxN

Pew Research Center. (2017, May 9). *Use of mobile devices for news continues to grow*. Retrieved from pewrsr.ch/2NoenVx

Pew Research Center. (2018, February 27). *Majority of Americans now use Facebook, YouTube*. Retrieved from pewrsr.ch/2otkrbv

Post-Truth. (n.d.). In *Oxford Living Dictionaries*. Retrieved from bit.ly/2omXnep

Printing Press. (2018, June 10). In *Wikipedia*. Retrieved from https://en.wikipedia.org/wiki/Printing_press

Propaganda. (2018, August 27). In *Merriam-Webster's online dictionary*. Retrieved from https://www.merriam-webster.com/dictionary/propaganda

Qiu, X., Oliveira, D., Shirazi, A. S., Flammini, A., & Menczer, F. (2017). Limited individual attention and online virality of low-quality information. *Nature Human Behavior, 1*(0132). Retrieved from https://go.nature.com/2LCCJAj

Robb, A. (2017, November 16). Anatomy of a fake news scandal. *Rolling Stone Magazine*. Retrieved from rol.st/2onuVJj

Satire. (2018, August 8). In *Merriam-Webster's online dictionary*. Retrieved from https://www.merriam-webster.com/dictionary/satire

Satire Examples. (2018, March 28). In *Your Dictionary*. Retrieved from examples.yourdictionary.com/satire-examples.html

Semple, K., Villegas, P., & Malkin, E. (2017, September 19). Mexico earthquake kills hundreds, trapping many under rubble. *The New York Times*. Retrieved from nyti.ms/2wBEoQH

Shahani, A. (2016, November 11). Zuckerberg denies fake news on Facebook had impact on the election. NPR. Retrieved from n.pr/2omECaM

Shane, S. (2018, September 7). The fake Americans Russia created to influence the election. *The New York Times*. Retrieved from nyti.ms/2MXDeJP

Shapiro, J. (2016, September 9). How to train 68.8 million teachers. Because that's how many the world needs. *Forbes*. Retrieved from bit.ly/2No7Uds

Shearer, E. & Gottfried, J. (2017, September 7). News use across social media platforms 2017. Pew Research Center. Retrieved from pewrsr.ch/2oobVua

Silver, K. (2017, September 9). Beware of Social media during terror events, NHS guidelines warn. BBC News. Retrieved from bbc.in/2Ndkt5j

Silverman, C. (2016, November 16). This analysis shows how viral fake election news stories outperformed real news on Facebook. *BuzzFeed News*. Retrieved from bit.ly/2N1k1a5

Silverman, C. (2017, December 28). These are 50 of the biggest fake news hits on Facebook in 2017. *BuzzFeed News*. Retrieved from bit.ly/2N3Z1iO

Smith, A., & Banic, V. (2016, December 9). Fake news: How a partying Macedonian teen earns thousands publishing lies. NBC News. Retrieved from nbcnews.to/2onNAVs

Soares, I. (2017, September 13). The fake news machine. CNN Money. Retrieved from cnnmon.ie/2olKPnq

Specia, M. (2017, September 27). "Frida Sofia:" The Mexico earthquake victim who never was. *The New York Times*. Retrieved from https://nyti.ms/2olKQYw

Special Report. (2018, January 25). Waging war with disinformation. *The Economist*. Retrieved from econ.st/2om04g5

Stanford History Education Group. (2016, November 22). *Evaluating information: The cornerstone of civic online reasoning.* Retrieved from stanford.io/2olraUx

Steinberg, L. (2017, July 26). Beyond fake news—10 types of misleading news. EAVI. Retrieved from bit.ly/2omFdcw

Steinmetz, K. (2018, August 9). How your brain tricks you into believing fake news. *Time.* Retrieved from ti.me/2NCT3Cw

Stelter, B. (2018, January 17). Trump averages a "fake" insult every day. Really. We counted. CNN Money. Retrieved from cnnmon.ie/2MYh8H2

Straus, V. (2015, March 10). No child left behind: What standardized test scores reveal about its legacy. *The Washington Post.* Retrieved from wapo.st/2MZnaqJ

Storr, W. (2015). *The unpersuadables: Adventures with the enemies of science.* New York, NY: Overlook Press.

Stroud, N. J., & Gomez, L. (2017, June 8). *Snapchat survey shows that distrust in the media is not so simple.* Retrieved from bit.ly/snapchat_survey

Survey [By J. LaGarde & D. Hudgins]. (2018, March 6). Retrieved from https://goo.gl/forms/G8vxY5Nd0U33Zbey2

Tavernise, S. (2016, December 6). As fake news spreads lies, more readers shrug at the truth. *The New York Times.* Retrieved from nyti.ms/2MZnxBD

The Onion. (2018, January 25). In *Wikipedia.* Retrieved from https://en.wikipedia.org/wiki/The_Onion

The Only Thing Necessary for the Triumph of Evil Is that Good Men Do Nothing. (2010). *Quote Investigator.* Retrieved from bit.ly/2MXr17V

Townsend, R. B. (2007, July 30). "No child" leaves the social studies behind. *Perspectives on History.* Retrieved from bit.ly/2MZMbCh

United States Holocaust Memorial Museum. (n.d.). Introduction to the Holocaust. *Holocaust Encyclopedia.* Retrieved from bit.ly/2ondiJs

Valenza, J. (2016, November 26). Truth, truthiness, triangulation: A news literacy toolkit for a "post-truth" world. *School Library Journal.* Retrieved from bit.ly/2N3z4QC

Volmiero, J. (2017, September 21). Rescue dog Frida is assisting relief efforts in Mexico following massive earthquake. *Global News*. Retrieved from bit.ly/2Nl9ZRg

Wineburg, S. & McGrew, S. (2016, November 1). Why students can't google their way to the truth. *Education Week*. Retrieved from bit.ly/2MS9PBn

Wintour, P. (2017, November 28). "Fake news:" Libya seizes on Trump tweet to discredit CNN slavery report. *The Guardian*. Retrieved from bit.ly/2N74NR2

Woolf, N. (2016, November 17). As fake news takes over Facebook feeds, many are taking satire as fact. *The Guardian*. Retrieved from bit.ly/2onMoBm

Word of the Year. (n.d.). In *Oxford Living Dictionaries*. Retrieved from bit.ly/2N2Xbid

Zielezinski, M. (2016, May 19). *What a decade of education research tells us about technology in the hands of underserved students*. Retrieved from bit.ly/2aHo6va

Zapato, L. (2018, May 22). *The Pacific Northwest Tree Octopus*. Retrieved from https://zapatopi.net/treeoctopus

索 引

國家圖書館出版品預行編目資料

假新聞教戰手冊：中小學教師怎麼教媒體素養
　與批判思考／Jennifer LaGarde, Darren Hudgins合
　著；羅世宏，羅敬文合譯. -- 初版. -- 臺
北市：五南，2020.10
　　面；　公分
　譯自：Fact vs. Fiction: Teaching Critical Thinking
Skills in the Age of Fake News
　ISBN 978-986-522-287-1（平裝）

1.媒體素養　2.傳播教育　3.批判思考教學

541.8303　　　　　　　　　　109014374

1ZOM

假新聞教戰手冊：中小學教師
怎麼教媒體素養與批判思考

作　　者 ― Jennifer LaGarde, Darren Hudgins

譯　　者 ― 羅世宏（413.2）、羅敬文

發 行 人 ― 楊榮川

總 經 理 ― 楊士清

總 編 輯 ― 楊秀麗

副總編輯 ― 陳念祖

責任編輯 ― 黃淑真、李敏華

封面設計 ― 姚孝慈

出 版 者 ― 五南圖書出版股份有限公司

地　　址：106台北市大安區和平東路二段339號4樓

電　　話：(02)2705-5066　　傳　　真：(02)2706-6100

網　　址：http://www.wunan.com.tw

電子郵件：wunan@wunan.com.tw

劃撥帳號：01068953

戶　　名：五南圖書出版股份有限公司

法律顧問　林勝安律師事務所　林勝安律師

出版日期　2020年10月初版一刷

定　　價　新臺幣250元

經典永恆·名著常在

五十週年的獻禮——經典名著文庫

五南，五十年了，半個世紀，人生旅程的一大半，走過來了。
思索著，邁向百年的未來歷程，能為知識界、文化學術界作些什麼？
在速食文化的生態下，有什麼值得讓人雋永品味的？

歷代經典·當今名著，經過時間的洗禮，千錘百鍊，流傳至今，光芒耀人；
不僅使我們能領悟前人的智慧，同時也增深加廣我們思考的深度與視野。
我們決心投入巨資，有計畫的系統梳選，成立「經典名著文庫」，
希望收入古今中外思想性的、充滿睿智與獨見的經典、名著。
這是一項理想性的、永續性的巨大出版工程。
不在意讀者的眾寡，只考慮它的學術價值，力求完整展現先哲思想的軌跡；
為知識界開啟一片智慧之窗，營造一座百花綻放的世界文明公園，
任君遨遊、取菁吸蜜、嘉惠學子！